궁극의 문자를 찾아서

궁극의 문자를 찾아서

마쓰 구쓰타로 지음 | 박성민 옮김

눌와

일러두기

- 일본의 언어, 문자, 문화를 알아야 이해할 수 있는 예시와 유머는 한국 사정에 맞게 일부 다듬었습니다.
- 검색 편의를 위해 문자명과 인명은 원어가 아닌 라틴 문자(로마자)로만 병기했습니다.
- 언어를 적는 데 사용하는 기호 체계는 '문자'로, 개별 기호 자체는 '글자'로 옮겼습니다.
- 옮긴이 주는 글줄 하단에 맞추어 고딕체로 작게 표기했습니다.
- 책은 《 》로, 영화, 드라마, 게임은 〈 〉로 구분했습니다.
- 인명, 지명 등 외래어 고유명사는 국립국어원의 외래어 표기법에 따라 표기했습니다.
- '부록: 한국 독자의 세계 문자 생활에 유용한 정보'는 한국어판에서 추가한것입니다.

들어가며

누구나 **젊은 시절에 저지른 부끄러운 실수**는 다시 떠올리고 싶지 않은 법인데, 제 경우는 그것이 '문자 만들기'였습니다. 가장 열중했을 때가 아마 중학교 2학년 무렵이었던 것 같은데, 그야말로 '중2병'이었죠.

학창 시절, 친구들끼리만 통하는 암호를 만들어 수업 중에 몰래 돌려본 경험이 있는 사람이 많을 것입니다. 말하자면 그런 것인데요, 제 경우는 '내가 만든 오리지널 문자를 사용해 나만의 궁극의 문자 체계를 만들자.'라고 결심하고 오로지 그 작업에만 몰두한 겁니다.

어차피 한가한 중학생이니까 뭘 하든 상관은 없지만, 그래도 지금 생각해 보면 **지극히 비생산적인 활동**이었습니다. 왜냐하면 친구들과 공유하는 것도 아니고 단지 내가 쓰고 싶은 문자를 쓰고 싶었던 것뿐이었으니까요.

게다가 그 문자로 수업 내용을 필기했다가 나중에 읽지도 못했을 때는 그야말로 **실질적인 손해**를 입기도 했습니다. 청춘의 한 페이지를 장식했다기보다는, 청춘의 페이지를 헛되이 찢어버린 중학생 시절이었습니다.

내가 쓴 노트 필기를 왜 못 읽었는지 생각해 보니 처음 만들 때 여기저기 손을 대다가 문자의 모양이며 읽는 법이 자꾸 변해버렸기 때문이었습니다.

　그래도 재미있는 건 그런 '나만의 문자'도 쓰는 동안 진화해 조금씩 쓰기 쉬워지고 기능적으로 변했다는 것입니다.

　그 결과, 벌써 20년이 넘는 시간이 흘렀지만 아직도 저는 그때 만든 '나만의 문자'를 술술 쓸 수 있습니다. 그리고 지금도 기분이 안 좋거나 뭔가 숨기고 싶은 일이 있으면 그 문자를 쓰면서 화도 내고 질투심이나 시기심을 터뜨리기도 합니다.

　전혀 철이 안 들었네요.

　아직도 중학교 2학년인 걸까요?

　다만 문자에 흥미가 많았던 것이 삶에 의미 있는 결과를 가져다준 것이 있다면, 제가 그 후로 세계와 언어에 여러 가지 관심이 생겼고, '특이한 문자'가 있다는 이유로 러시아어를 본격적으로 공부했으며, 문자를 찾아서 중동이나 인도를 여행하며 히에로글리프hieroglyph나 마야 문자 같은 고대 문자를 현지에서 직접 볼 수 있는 귀중한 기회를 만들었다는 것입니다.

　그래서 저는 생각했습니다.

　'중학생 때 스스로 궁극의 문자를 만들자고 결심하고 나만의 문자를 만들었다. 그리고 그 후로 다양한 문자를 알게 되었다. 그렇다면 지금 다시 궁극의 문자를 만든다면 더 멋진 문자가 나오지 않을까?'

　'로제타석(나폴레옹의 이집트 원정군이 나일강 어귀의 마을에서 발견한 비석)'은 고대 이집트의 히에로글리프를 해독하는 계기가 된 것으로 유명합니다. 하지만 거기에 또 하나 재미있는 사실은 이집트 문자가 어떻게 변화했는지를 알 수 있다는 겁니다.

히에로글리프라는 그림문자가 쓰기 쉬운 히에라틱hieratic이라는 글자체로 변하고, 그것이 나중에는 더 간략해져 데모틱demotic이라는 글자체가 되어가는 과정을 볼 수 있습니다.

다시 말해 문자는 '변화'하거나 '진화'합니다. 실제로 제가 만든 문자도 진화해 왔습니다.

그러니까 이런 **바보 같은 시도**를 공개하는 것이 어쩌면 인류 문자의 변천을 알기 위한 귀중한 자료가 될지도 모릅니다. 그렇게 되면 좋겠습니다. **생각하는 건 제 마음이니까요.** 그런 강렬한 염원을 담아 지금 여기서 '궁극의 문자 프로젝트'를 시작하려고 생각한 것입니다.

지금까지 제가 보고, 알게 되고, 배워온 문자를 소개하며 그것들의 장점을 뽑아 새롭게 짜 맞추어 '궁극의 문자'를 만들어 가고 싶습니다. 이렇게 쓰면서 저 자신도 '정말 할 수 있을까?' 하는 생각이 들지만, 그건 **그때그때 상황을 봐가면서** 해결하려고 합니다.

차례

제1장
뾰족이냐, 동글이냐.
그것이 문제

티베트 문자

'세계에서 가장 위험한 문자'가 있다면 그건 어느 문자일까, 하는 생각을 가끔 할 때가 있습니다. 위험한 문자라고 해서 딱히 **반사회적인 사상을 부채질한다거나** 'DEATH'나 'F*CK', '프롤레타리아 혁명 만세' 같은 말을 딱 한 글자로 나타낼 수 있는 문자라는 뜻은 아닙니다. 어디까지나 물리적인 의미에서 말하는 겁니다.

예를 들어, 문자 블록을 가지고 노는 아이의 손에서 총알처럼 생긴 글자가 튀어 날아가거나, 빌딩 벽에 붙은 'PARCO' 글자 중에서 **'P'가 떨어진다면** 얼마나 상처를 입을까, 그런 의미입니다.

그런 의미에서 볼 때 일단 안전한 문자라고 한다면 뭐니 뭐니 해도 미얀마 문자일 겁니다.

ꀬ ꀘ ꀙ ꀚ ꀛ

이렇게 동글동글하게 생긴 글자뿐이니까 누가 집어 던진다 해도, 위에서 떨어뜨린다 해도 비교적 안전합니다. 다만 **마룻바닥에서 굴러다니고 있는 걸 밟으면 굴러 넘어질지 모르니까** 조심해야겠죠.

라틴 문자로마자도 비교적 단순한 모양이 많은데, 'V'자의 뾰족한 모서리 머리를 부딪치는 일만 없다면 그리 위험하지는 않을 것 같습니다.

한자 같은 경우는 위험해 보이지만 의외로 그렇지도 않습니다.

전체적으로 사각형 안에 들어가게끔 만들었기 때문에, 불필요하게 툭 튀어나온 부분이 적기 때문입니다.

그렇다면 반대로 위험한 문자에는 무엇이 있을까요? 제가 자신 있게 추천하고 싶은 것은 티베트어를 표기할 때 쓰는 '티베트 문자'입니다.

예를 들면 이런 느낌입니다.

བོད་ཀྱི་སྐད་ཡིག།

보시는 것처럼 글자가 전체적으로 아래쪽을 향해 뾰족뾰족하게 튀어나와 있습니다. 아래 글자를 한번 볼까요?

སྐ (sk)

이 글자는 아랫부분이 마치 꽃꽂이할 때 사용하는 침봉처럼 생겼네요. 혹은 윗부분을 손에 쥐고 너클처럼 사용할 수도 있을 것 같습니다.

རྟ (rt)

이 글자는 아래쪽의 뾰족한 부분으로 푹 찌른 다음 윗부분을 지렛대 삼아 쥐고 내리누를 때 쓸 수도 있을 것 같군요.

ঽ (nyw)

이건 공격력을 증가하기 위해 끝부분에 **흑요석** 같은 것이 붙어 있습니다. **석기시대의 사냥꾼인 걸까요?**

티베트 문자는 인도에서는 지금도 사용되고 있는 '데바나가리 Devanagari 문자'에서 파생되었다고 전해집니다. 7세기 티베트의 명군으로 꼽히는 손챈감포 왕은 예하에 있던 승려를 인도로 파견해 문자를 가져오게 했다고 알려져 있습니다.

데바나가리 문자는 요즘도 인도 커리 식당 같은 곳에서 흔히 볼 수 있는데 아래와 같은 모양입니다.

देवनागरी

이렇게 보면 데바나가리 문자도 아래쪽으로 쭉쭉 뻗어 있는 모양이 많지만, 티베트 문자만큼 뾰족하지는 않습니다.

인도에 파견된 승려들이 거기서 록 음악에 눈을 뜨게 되어 **글자 끝을 칼처럼 뾰족하게 만든 게 아닌가 하는 생각이 강하게 드는군요.**

이 문자가 가진 또 하나의 특징은 '철자와 읽는 법이 꽤 차이가 난다'는 것입니다. 예를 들어 조금 전 손챈감포 왕 이름의 철자를 라틴 문자로 나타내면 'Srong-btsan sGam-po'라는데, 영어도 깜짝 놀랄 만큼 동떨어져 있습니다.

현재 티베트는 중국의 지배를 받고 있어 독자 문화가 쇠퇴할

위기에 놓여 있다고 합니다. 철자와 읽는 법 사이에 큰 차이가 생긴 것도 긴 역사가 있었기 때문입니다. 아무쪼록 무기처럼 뾰족한 티베트 문자로 반드시 자신의 문화를 지켜내기를 바랍니다.

문자 메모

주요 사용 지역:
티베트, 부탄, 인도 북동부

사용 언어:
티베트어, 종카어, 시킴어 등

중국에서는 티베트 문화가 위기에 처해 있다고 말하지만, 티베트 문자는 사실 부탄의 종카어나 인도의 시킴어에서도 사용되고 있다. 티베트 문자라고 하면 '마니차mani-chos-'khor'라는 불교 도구를 달그락 달그락 돌려 경전을 읊기를 대신하는 것으로 명성이 자자한 유명한 문자다. 편리하면서도 고마운 문자이다.

벵골 문자

'중2병'이라는 말을 많이 들어보셨을 거라고 생각합니다. "난 남들이랑은 다른 특별한 인간이야." "이렇게 썩어 빠진 사회에서 어떻게 살아, 에잇!" 이렇게 허세를 부리며 유별나게 까탈스럽게 말하거나 아무도 이해할 수 없는 옷을 입기도 하죠.

이 병이 심해지면 **자작시**를 쓰기 시작하게 되니까 주의해야 합니다. 몇 년 뒤에 "이런 세상을 사랑하기 위해…." 하고 유행가 가사 같은 자작시를 책상 서랍 안에서 발견하기라도 하는 날에는 **자살 충동이 거세게 솟구칠 수도 있습니다.**

가끔 사회인이 되고 나서도 이 중2병이 낫지 않는 사람이 있어서 곤란할 때가 있습니다. 그렇다고 해서 유행가 가사 같은 시를 짓는다는 말은 아닙니다.

아무튼 저는 중2병을 그래도 너그럽게 받아들이는 편인데, 그런 제가 속으로 '문자계의 중2병'이라고 부르는 문자가 있습니다. 바로 벵골 문자입니다.

방글라데시와 인도의 서벵골주를 중심으로 하는 지역에서 사용되는 '벵골어'를 표기하는 데 쓰이는 문자입니다. 벵골어는 방글라데시의 공용어로, 사용 인구가 2억 명으로 일본어보다 훨씬 많은 사람이 쓰는 언어입니다. 벵골 문자는 예를 들면, 이런 느낌입니다.

বাংলা লিপি হল একটি লিখন

왠지 묘하게 나풀나풀 팔랑이는 것 말고는 그다지 중2병을 떠올리게 하는 것 같지는 않습니다. 하지만 이 문자의 형제 문자라고도 할 수 있는 데바나가리 문자(힌디어 등)와 비교해 보면 그 차이가 잘 드러납니다.

처음부터 이 두 문자는 모양 자체부터 매우 닮아서 곡선의 모양이나 선의 각도 같은 것만 살짝 다른 정도입니다. 그런데도 전체적인 인상은 꽤 달라 보이네요. 그럼 '위키피디아'의 로고를 서로 한번 비교해 볼까요?

विकिपीडिया

위의 이미지는 데바나가리 문자로 표기한 '위키피디아'입니다. 가로로 그어진 막대처럼 생긴 줄 하나(저는 '인도 봉'이라고 부릅니다)와 둥그스름한 형태가 특징입니다. 이것을 벵골 문자로 표기하면 아래와 같이 됩니다.

উইকিপিডিয়া

어떤가요? 전체적으로 날카로운 느낌이 더해진 것 같지 않습니까?

오른쪽에서 두 번째 글자까지가 전형적인 벵골 문자입니다. 데바나가리 문자에서는 애니메이션 캐릭터 무민의 옆얼굴처럼 생긴 모양의 글자 या가 벵골 문자에서는 যা이라서 마치 번개 같은 느낌입니다.

첫 번째와 두 번째 글자 ডঽ를 보면, 막대 위의 선이 〈겨울연가〉의 욘사마가 두르던 목도리처럼 팔락팔락 나부끼고 있습니다.

뭐랄까, 벵골 문자는 전체적으로 '중학생이 생각해 낸 자작 디자인 글자체' 같은 문자입니다. 이런 느낌으로 여러 가지 글자가 '조금씩 뾰족뾰족 솟아 있는 것'이 벵골 문자의 특징입니다. 예를 들어, 'b'를 나타나는 글자를 데바나가리 문자로 표기하면 ब 이렇게 되는데, 벵골 문자로 나타내면 ব 으로, 마치 식칼처럼 뾰족한 느낌입니다. 그렇지만 이 특징만 잘 파악하면 힌디어 문자인지 벵골어 문자인지 구별하는 것은 어렵지 않습니다.

정체 모를 조직에 끌려가서 "자, 이 글자가 힌디어 글자야, 벵골어 글자야? 알아맞히면 풀어주지."라고 협박을 당하는 일이 발생한다면 바로 이 특징만 떠올리면 됩니다.

그런데 모양만 차이 날 뿐 아니라, 사실 벵골 문자는 아주 '고집이 센' 문자이기도 합니다.

방글라데시라는 국가는 이슬람교도가 대다수를 차지하는 나라인데, 이슬람교도가 많은 나라는 그들 고유의 문자가 있어도 아라비아 문자로 바꾸어 표기하는 경우가 많습니다. 페르시아(이란)가 그렇고 위구르도 그렇습니다. 터키도 예전에는 아라비아 문자를 사용했습니다.

방글라데시와 가까운 곳의 경우는 파키스탄이 그렇습니다. 파키스탄의 국어인 '우르두어'는 언어로 보면 힌디어와 거의 같지만, 표기할 때는 아라비아 문자를 사용하고 있어 구별되죠. 그에 비해 방글라데시는 예전이나 지금이나 오로지 벵골 문자만 쓰고 있습니다. "난 절대로 변하지 않아. 아니, 변할 수가 없어." 이런 고집이 느껴집니다.

방글라데시는 예전에 지금의 파키스탄과 함께 독립해 '동파키스탄'이라고 불리던 시대가 있었습니다.

그 후에 분열하며 지금의 파키스탄과 방글라데시로 나뉘게 되었는데, 분열의 원인 중 하나가 우르두어를 강제로 쓰게 하려던 파키스탄에 대한 반발 때문이라고 합니다.

오랜 역사를 가진 언어와 문자에 대한 자부심이 그만큼 강했다고 할 수 있겠지요.

시인 타고르도 사용했다는 벵골어와 벵골 문자, 꼭 배워보시기를 바랍니다.

문자 메모

주요 사용 지역: 인도 서벵골주, 방글라데시
사용 언어: 벵골어

모양은 뾰족뾰족하지만 그 구조는 의외로 보수적이다. 인도계 문자의 특징이라고도 할 수 있는 문자 위에 가로놓인 막대(쉬로레카)는 다른 인도계 문자에서는 속속 폐지되고 있지만, 벵골 문자에서는 여전히 건재하다. 참고로 인도의 아삼 지방에서 사용되는 아삼 문자는 거의 이 벵골 문자와 같다.

싱할라 문자

සිංහල භාෂාව ලිවීමට යොදාගන්නා අකුරු සිංහල අකුරු නමවේ.

동그랗다.

이것이 첫인상이었습니다. 글자 전체가 동글동글한 건 물론, 선이란 선도 다 둥급니다.

어떤 글자는 거의 동그라미 그 자체라고 말할 수 있을 정도입니다.

ර (r)

또는 머리에 토끼 귀가 달린 것 같은 글자도 있습니다.

 පු (p)

그리고 이건 하트 모양을 뒤집어놓은 듯한 글자네요.

ධ (dh)

이렇게 온갖 다양한 모양의 동그라미가 있습니다. 귀여워서 여고생이 만들었나 싶을 정도입니다. 물론 '동그란 문자=여고생'이라는 발상은 너무 고리타분한 생각이네요.

이 싱할라Sinhala 문자는 스리랑카의 싱할라어를 쓰는 사람들이 사용하는 문자입니다. 인도의 산스크리트어와 같은 계통의 문자로, 절에 세워진 뾰족한 불탑인 '스투파'에 흔히 쓰여 있는 범자梵字와 그 뿌리가 같습니다. 다시 말해, 처음부터 모양이 둥글지는 않았다는 것입니다.

그렇다면 왜 동글동글하게 썰어놓은 곱창처럼 **젓가락을 살짝 갖다 대기만 해도 석쇠에서 튕겨 나갈 것 같은 모양**이 된 걸까요?

진짜인지 거짓인지는 모르겠지만, 스리랑카에서 들었던 이야기에 따르면, 원래 싱할라 문자는 야자수 잎에 쓰여 있었다고 합니다. 남국의 분위기가 물씬 나는 이야기입니다만, 이 야자수 잎은 섬유로 되어 있어서 줄을 쭉 그으면 잎이 찢어지고 맙니다. 그래서 자연히 글자가 둥근 모양으로 변했다는 것입니다.

과연 싱할라 문자는 **나뭇잎 위에도 글을 쓸 수 있을 정도로 부드러운** 문자였습니다.

이것이야말로 생활의 지혜입니다. 이 말을 들었을 때 저는 머리를 한 대 탁 얻어맞은 듯한 기분이 들었습니다.

지금은 당연히 손쉽게 종이를 구할 수 있지만, 언제 어느 때 자원 부족 현상이 발생할지 모릅니다. 그렇게 되면 또다시 야자수 잎을 종이 삼아 글을 쓰는 날이 올지도 모르죠. 어떤 시대에도 사용할 수 있는 '궁극의 문자'를 찾기로 한 만큼, 야자수 잎이든 손바닥이든 어디든 상관없이 쓸 수 있는 문자여야 합니다.

물자가 남아도는 시대에 저는 싱할라 문자에서 친환경의 본질을 깨우친 것입니다.

물론 스리랑카와는 달리 **일본에는 야자수가 거의 자라지 않는다**는 문제가 있긴 합니다만.

문자 메모

주요 사용 지역: 스리랑카
사용 언어: 싱할라어

스리랑카에서 최대 사용 인구를 자랑하는 싱할라어의 문자. 단, 스리랑카는 싱할라어와 함께 타밀어도 공용어로 사용하기 때문에 두 언어로 표기된 간판도 많다. 동글동글하고 통통한 싱할라 문자와 반듯반듯하고 각진 타밀 문자가 좋은 대조를 이루지만, 사실 그 뿌리는 같은 인도계이다.

타이 문자 1

지금 제 손에는 《타이 문자 쓰기 순서 학습서》가 있습니다. 글자마다 해설이 달려 있을 뿐 아니라 글자를 따라 쓰면서 습득할 수 있는 본격 학습서입니다. 뭐하러 이런 책을 샀는지 전혀 기억은 나지 않지만, 아무 생각 없이 가끔씩 다시 들여다봅니다.

참고로 이 책 띠지에는 "두리안은 과일의 왕. 타이 문자는 문자의 왕"이라는 문구가 쓰여 있는데, 끝까지 읽어봐도 그 근거가 될 만한 말은 어디에도 나와 있지 않습니다. 볼 때마다 **그 부분이 살짝 마음에 걸립니다.**

그건 그렇고, 여기서 다룰 타이 문자는 일본에서도 흔히 볼 수 있는 대표적인 외국 문자라고 할 수 있습니다.

독특한 귀여움 때문에 일본 여고생들에게 큰 인기를 끌고 있다는 설도 있다는군요(참고로, 태국 여고생들 사이에서는 일본어가 '귀엽다'며 인기가 높다고 합니다. 세상에는 수요와 공급의 균형이 잘 맞지 않는 법입니다).

귀엽다고 느끼는 이유는 뭐니 뭐니 해도 '동그라미'가 많아서 그럴 것입니다. 예를 들어 아래는 '타이 왕국'을 나타내는 글자입니다.

ราชอาณาจักรไทย

13개 글자 중 9개의 글자에 동그라미가 들어 있습니다. **고리를 걸어서 매달기에는 편리해 보이는군요.** 참고로 이것은 '랏차·아나착·타이'라고 읽습니다. 이중에 뒤에서 다섯 번째 글자 **ก** 는 'k'를 나타내는 문자로, 여기서는 '아나착'의 'ㄱ'에 해당합니다. 이 글자의 해설을 읽어보면 "타이 문자에는 드물게 동그라미가 붙지 않는 글자입니다."라고 쓰여 있습니다. 타이 사람들 역시 자기 나라 언어에 동그라미가 많다는 걸 자각하고 있는 모양입니다.

이 동그라미가 글자 하나에 한 개면 괜찮겠지만, **ณ** 같은 글자의 경우, '처음에 나오는 동그라미는 그렇다 치더라도 오른쪽 밑에 있는 동그라미는 굳이 없어도 되지 않을까?' 하는 생각도 듭니다. 더군다나 글자 하나 안에 동그라미가 세 개나 들어 있는 **ญ** 같은 문자를 보면 희미한 광기마저 느껴지는군요.

원래 캄보디아에서 사용되는 크메르Khmer 문자가 타이 문자의 뿌리이기 때문에 이 크메르 문자에도 비교적 동그라미가 많기는 하지만 이 정도는 아닙니다. 캄보디아인들은 그런 타이 문자를 보고 **'쟤들은 너무 둥글둥글해졌군.'** 하고 생각할지도 모르겠습니다. 대도시에서 거친 인간관계에 시달리기라도 한 걸까요.

어째서 둥글둥글해졌느냐 하면 조금은 논리적으로 설명할 수 있습니다. 문자가 막 탄생했을 무렵에는 주로 나무나 돌에 새겼기 때문에 아무래도 직선 모양이 많습니다. 그것을 점점 부드러운 소재에 쓰기 시작하면서 조금씩 둥근 모양을 띠게 된 것입니다.

이와 관련해서 생각하면, 지금처럼 워드 프로세서나 프린터를 사용하는 시대가 되면 문자가 어떻게 변화할지도 재미있는 주제가 됩니다. 잉크 소모가 적은 문자 같은 것이 출현할지도 모르겠군요.

이 동그라미의 유일한 장점이라고 한다면 '쓰기 순서를 알기 쉽다'는 것입니다. 어떤 글자든 대부분은 이 동그라미 모양부터 쓰기 시작하게 되어 있습니다.

다만, ꀀ 나 ꀁ 같은 글자는 알기 쉽지만, ꀂ 같은 것은 아래쪽 동그라미부터 쓰기 시작해서 위로 쭉 끌어올려야 하기 때문에 **명백히 지구 중력에 거스르며 써야 합니다.**

응? 장점이 아니었나?

어쨌든 타이 문자에는 왜 이렇게 동그라미가 많을까요? 그냥 이 동그라미는 과일의 왕 두리안을 나타내는 것이라고 해버려도 좋지 않을까요? 왜냐하면 타이 문자는 '문자의 왕'이니까요.

문자 메모

주요 사용 지역: 태국
사용 언어: 태국어

같은 음을 나타내는 문자가 여러 개 있거나 철자와 발음이 꽤 다르기도 한 것이 특징 중 하나이다. 또 성조를 나타내는 규칙도 무척 복잡하다. 귀여운 모양에 어울리지 않게 상당히 번거로운 문자이기는 하지만, 정해진 규칙은 있다.

몽골 문자 · 파스파 문자

먼저 아래 그림을 봐주세요.

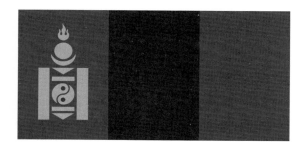

이것은 몽골 국기입니다. 왼쪽에 **당장이라도 쓰러질 것 같이 서 있는 나무 블록 같은 물체**가 보이는데, 사실 이것은 문자입니다.

그런데 현재 몽골에서 사용되는 키릴Cyrill 문자와도 다르고, (제 생각에) 유려한 형태로 문자 애호가들 사이에서 인기가 높은 몽골 문자와도 다릅니다.

사실 이것은 소욤보Soyombo 문자인데, 그중에서도 '문장을 시작할 때 붙이는 마크'입니다.

왠지 모르게 진묘한 느낌이 드는 이 '소욤보 문자'란 게 무엇인지 설명하기 전에, 여기서 몽골의 문자 사정을 거슬러 올라가보도록 하겠습니다.

원래 몽골 고원에는 여러 유목 민족이 살고 있었지만 그들 고유의 문자는 없었습니다.

기마 민족인 그들은 **"문자 따위 필요 없어! 야호!"**, 뭐, 이런 생각이었겠지요.

그러다가 흐름이 변한 것은 몽골의 영웅 칭기즈칸이 나타나고 주변의 여러 민족을 차례차례 정복하면서 대제국을 건설하고부터입니다.

아무래도 국가를 통치하려면 문자는 필수불가결한 것인 만큼, 당시 주변에서 문화적으로 가장 발달했던 위구르인의 위구르 문자를 기초로 하여 몽골 문자를 만들게 되었습니다.

굳이 말하면, 몽골어를 위구르 문자로 표기했다고 하는 편이 정확할 것입니다.

이렇게 유려한 모양이 특징인데, 그 모습이 마치 초원을 달리는 준마를 연상하게 합니다.

그런데 그 후로 세월이 흘러 쿠빌라이 칸이 몽골의 제5대 대칸에 오르게 됩니다. 그는 유목 민족적인 요소가 남아 있던 제국의 조직을 거대 제국에 걸맞게 개혁을 단행합니다. 국호를 중국풍인 '원元'으로 바꾸고 독자적인 문자를 제정했습니다.

그것이 바로 파스파Phags-pa 문자로 다음과 같은 모양입니다.

파스파

티베트인 승려 파스파가 만든 문자인데, 일단 첫인상을 한마디로 표현하면 '네모반듯하다'가 되겠네요.

옛날에는 칼처럼 날카롭던 사람이 딴사람처럼 얌전하게 변한 경우를 보고 "저 사람도 둥글둥글해졌군."이라고 표현하곤 했습니다. 즉위 이후 나라의 의례와 복식을 중국식으로 바꾸는 쿠빌라이를 씁쓸하게 여기던 몽골인들은 파스파 문자를 보고는 분명 이렇게 말했을 겁니다. **"저 사람도 네모반듯해졌군…."**

물론 원활한 통치를 위해서는 그렇게 각진 모양이 좋았는지도 모릅니다.

하지만 이 문자는 몽골인도 중국인도 "너무 각이 져서 글쓰기가 힘들잖아!" 하고 불평하는 바람에 금세 쇠퇴하고 맙니다.

그나마 네모반듯한 특징이 인장과 궁합이 좋았던 덕에 지금은 인장 전용 문자로 살아남게 되었습니다.

《세계 문자 도감》이라는 책을 보면 굉장한 것이 실려 있습니다. 17세기에 파스파 문자로 쓰인 달라이 라마의 인장인데요, 다음과 같은 이미지입니다.

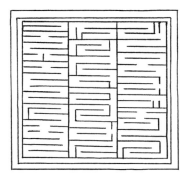

《세계 문자 도감》(요시카와고분칸吉川弘文館출판사)에서

　문자라기보다는 미로 같은 느낌입니다. 아무튼 이런 미로 속에서 헤매던 몽골 문자 세계에서 새로운 캐릭터가 17세기에 등장하게 되는데, 그게 바로 소욤보 문자였습니다(121쪽 참조).

문자 메모

주요 사용 지역: 동아시아
사용 언어: 몽골어

'새로운 문자'라고는 해도 사실 티베트 문자와 똑같이 생겼으며, 티베트 문자를 각이 지게 해서 파스파 문자를 만들었다. 당시의 서역에서는 위구르뿐만 아니라 거란과 여진, 서하西夏 역시 한자를 기본으로 한(그렇지만 다들 독특한 문자였다) 각자의 문자를 가지고 있었기 때문에 몽골도 독자적인 문자가 필요했을 것이다.

제2장
그냥 쓰지, 왜 바꿔 쓰는 거지?

데바나가리 문자

인도에는 어마어마하게 많은 언어와 문자가 있습니다만, 그중에서 가장 세력이 강한 것은 힌디어와 그 문자인 데바나가리 문자입니다.

'데바'는 신이고 '나가리'는 도시라는 뜻으로 '신의 도시'라는 의미인데요, 성스러울 정도로 스타일리시하고 도회적인 문자 같은 느낌이 든다고 할까요. 이렇게 말하니 다가가기 힘들고 쓰기도 어려울 것 같지만, 힌디어뿐만 아니라 마라티어와 같은 인도 내의 다른 언어에도 사용될 뿐 아니라, 이웃 나라 네팔의 네팔어에도 쓰입니다. 물론 도시나 시골이나 상관없이 쓰이고 있습니다.

일본에서도 인도 요리점 같은 데서 흔히 볼 수 있는데, 일본에서는 매니아층을 가진 주요 문자 중 하나일 겁니다. 사실 사용 인구가 2억 명이 넘는 힌디어를 보고 매니아층이 있는 문자라고 한다면 화내는 사람이 있을지도 모르겠군요.

그건 그렇고, 이 문자의 최대 특징을 들라면 역시 '문자 위에 그어진 가로 막대'입니다. 이 가로 막대 하나만으로도 단번에 인도 분위기가 난다는 이유로 저는 이걸 **'인도 봉'**이라고 부릅니다.

히라가나에 인도 봉을 사용하면 인도 느낌이 어느 정도로 나는지 잠깐 실험을 해보았습니다.

ぬれてであわ
↓
~~ぬれてであわ~~

    우와, 단번에 인도 같은 느낌이 나는군요! 참고로 이 막대는 '쉬로레카shiro-rekha'라는 번듯한 이름까지 있습니다. 쓰는 순서는 글자의 다른 부분을 다 쓴 다음 맨 마지막에 이 선을 쭉 긋습니다. 그때의 쾌감은 꽤 크기는 하지만, 맨 마지막에 선 하나를 깔끔하게 긋기가 생각보다 쉽지는 않습니다.

    예전에 인도에 갔을 때, 꼬마 아이가 글자를 쓰는 것을 옆에서 바라본 적이 있습니다만, 반듯하게 쉬로레카를 긋는 것이 꽤 어려워 보였습니다.

    왜 이런 번거로운 행동을 하는 걸까, 하는 생각이 들 수도 있겠지만, 사실은 아주 큰 의미가 있습니다. 이 인도 봉에는 '단어 하나마다' 선을 긋는다는 규칙이 있습니다. 즉, 쉬로레카는 글자가 죽 늘어진 문장에서 단어를 구분하는 역할을 합니다. 단어 단위를 나타낸다는 것이 당연하게 여겨질 수도 있겠지만, 사실은 이게 의외로 어렵습니다.

    일찍이 로마 제국 시대의 라틴어로 쓰인 비문碑文 등을 보면, 글에서 의미 단위를 구분하는, 말하자면 '띄어쓰기'가 거의 되어 있지 않다는 것을 알 수 있습니다. 영어를 예로 들면 'THISISAPEN'과 같이 쓰여 있는 셈입니다.

    태국어처럼 지금도 띄어쓰기를 하지 않는 언어도 많은데, 일본어도 마찬가지입니다. 단어 단위를 나타낸다는 것은 자신이 쓰고 있는 언어를 어느 정도 객관적으로 파악해야 가능한 일이기 때문에 의외로 어려운 것입니다.

라틴 문자 문화권뿐만 아니라 많은 언어권에서는 각 단어 사이에 살짝 공간을 두거나, 영어 필기체처럼 하나의 단어를 쓸 때는 연결해서 쓰는 식으로 단어와 단어를 구별하고 있습니다.

그에 비해 데바나가리 문자는 **하나의 단어를 인도 봉으로 꼬치를 찔러 꿰어버리는 것**입니다. 무척 힘차면서도 왠지 모르게 될 대로 되라는 느낌이 들어 호감이 가네요.

이 가로 막대가 있으면 어느 정도로 읽기 편해지는지 한번 실험해 보았습니다. 글자들에 가로 막대 대신 밑줄을 그어보았습니다.

1. 훔친 오토바이로 한밤에 학교에 달려가 유리창을 깼다
2. 훔친 오토바이로 한밤에 학교에 달려가 유리창을 깼다

우와, 굉장히 읽기 편해졌습니다! 나도 모르게 훔친 오토바이를 타고 달리고 싶은 기분이 들 정도로 읽기 편해졌네요. 역시 인도 봉, 무시할 수 없습니다.

이렇게 보니 "밑줄 그은 부분을 한자로 바꿔 쓰시오."라는 국어 시험문제처럼 보이기도 하네요.

이렇게 문장에 단어 단위를 표시해 주면 문장은 금세 읽기 쉬워집니다.

읽기 편한 궁극의 문자를 추구한다면 이런 연구가 꼭 필요합니다. 가능하다면 공간을 띄우지 않고도 이렇게 멋있고 근사하게 단어 경계를 구분하면 좋겠습니다. 여러분의 일상에 인도 느낌을 줄 수 있을 뿐 아니라 기능적이기도 한 인도 봉, 꼭 써보시기 바랍니다. 물론 평상시에 이걸 사용할 기회는 전혀 없겠지만요.

문자 메모

주요 사용 지역: 인도, 네팔 등
사용 언어: 힌디어, 네팔어, 마라티어 등

인도계 문자 중에서 사용 인구가 가장 많은 그야말로 인도의 대표 문자다. 문자와 문자를 연결하는 쉬로레카가 특징이다. 자음과 자음을 조합하여 특수한 형상을 만드는 등, 비교적 특수한 규칙이 많다. 산스크리트어 표기에도 사용되는 유서 깊은 문자이다.

구자라트 문자

앞에서 인도의 데바나가리 문자의 특징은 단어 하나마다 가로 막대 하나를 그어서 문장의 단어 각각을 알기 쉽게 구별한다고 했습니다.

단어의 경계를 알 수 있게 하는 동시에 인도풍 분위기를 200% 상승하게 만드는 이 막대를 '인도 봉'(본명은 쉬로레카)으로 부르며 무척 칭찬을 했습니다만, 사실 실제로 써보면 꽤 번거롭습니다.

글자를 다 쓰고 나서 마지막에 선 하나를 더 그어야 하고, 게다가 모든 글자 위에 균형 잡히고 반듯하게 그어야 하기 때문에 의외로 어렵습니다. 잘못해서 글자 한가운데를 막대로 통과시키기라도 하는 날에는 아래 그림처럼 글자를 통째로 부정하는 꼴이 되기 쉽습니다

바로 그은 인도 봉

주장했다

잘못 그은 인도 봉

수상했다

이래서는 "주장했다."가 아니라 "수상했댜…"가 돼버리겠군요. 재밌지 않나요? 아닌가요, 아 그렇습니까?

어쨌든 이렇게 되면 "에잇, 귀찮아, 이런 봉 따위 필요 없어!" 하

고 말하는 인도인이 나타나는 것도 무리는 아닐 겁니다. 그래서 적극적으로 그 부분을 개선한 문자가 인도 구자라트주에서 사용되는 구자라트 문자입니다.

구자라트주는 인도 서부의 해안가에 있는 지역으로 오래전부터 상업이 융성한 주입니다. 구자라트어라는 언어를 주로 사용하는데, 이 언어를 표기하는 문자가 구자라트 문자입니다. 사용 인구가 4500만 명 이상이니까 어지간한 유럽 언어보다 더 규모가 큽니다.

글자를 보면 알 수 있듯이, 데바나가리 문자에서 인도 봉을 쏙 빼버리고 나면 거의 구자라트 문자가 됩니다.

데바나가리 문자   **ગુજરાતી લિપિ**

구자라트 문자   ગુજરાતી લિપિ

뭐랄까, 인도 봉이라는 굴레에서 해방되면서 단번에 자유분방한 이미지가 생겨납니다. 마치 문자가 춤을 추고 있는 것 같습니다.

ધ (dh)나 જ (j) 같은 글자는 당장에라도 춤추기 시작할 듯한 분위기이고, છ (ch)는 무대 위에서 갑자기 데굴데굴 구르는 사람이 떠오릅니다.

ક (k)는 마치 영화 〈토요일 밤의 열기〉에 나오는 존 트라볼타가 보여준 유명한 포즈를 똑 닮았네요.

정말 자유분방한 문자, 그것이 바로 구자라트 문자입니다. 참고로 이 구자라트 지역 출신 중에 가장 유명한 사람이라면 뭐니 뭐니 해도 마하트마 간디일 겁니다. 말할 필요도 없이 다들 아시는 인도 독립의 아버지입니다.

인도 봉을 없애버린 구자라트인의 후예가 이번에는 인도를 지배하는 영국이라는 봉을 치워버린 셈입니다.

인도 봉을 영국의 식민지 지배에 빗대어 생각하는 게 어떨지는 모르겠네요. 물론 애초에 간디는 그런 생각은 눈곱만큼도 안 했겠지만요.

문자 메모

주요 사용 지역: 인도 구자라트주
사용 언어: 구자라트어

'상인 문자', '은행원 문자'라는 별명이 있다. 동서의 요충지에 해당하는 구자라트주는 오래전부터 상업이 번성한 지역으로, 그들의 합리성이 인도 봉을 없애버렸는지도 모른다. 참고로 이 문자는 16세기에 성립되었는데, 19세기 무렵까지 지식인 계급은 데바나가리 문자를 사용했다고 한다. '구자라트 문자는 상인들의 글자잖아.'라고 생각했던 걸까.

오리야 문자

앞에서 인도 봉 쉬로레카를 없애버린 구자라트 문자를 소개했습니다. 그런데 그렇게까지 과격한 변화를 일으키지는 않았지만 다들 나름대로 인도 봉 때문에 골치를 앓았던 모양인지 오랜 인도 역사 속에서 쉬로레카는 여러 가지 형태로 변했습니다.

그중 하나가 인도의 오디샤주를 중심으로 사용되는 오리야 Oriya(Odia) 문자입니다. 오디샤주는 인도 동부, 서벵골주의 남서쪽에 위치하고 있습니다. 솔직히 말하면 좀 소박한 곳이지만, 세계유산으로 등재된 코나라크의 태양신 사원과 부바네슈와르라는 긴 이름의 주도州都로 일부 호사가들 사이에서는 유명한 곳이랍니다.

글자 모양만 보면 인도 봉은 물론이고 **글자를 통째로 "오리야!" 란 기합과 함께 내팽개쳐 버릴 것처럼** 생겼습니다만, 사실은 매우 온화한 방법으로 변화했다고 볼 수 있습니다. 어떤 방법이냐 하면 인도 봉을 동글동글 귀엽게 말아버리는 거죠.

ଓଡ଼ିଆ

보세요, 얼마나 귀여운지! 귀여운 토끼 느낌이 드는 동글동글함입니다. 그러면 '부바네슈와르'라는 엄청 긴 주도의 이름은 어떻게 쓸까요?

ଭୁବନେଶ୍ବର

이렇게 귀여운 모습으로 대변신합니다. 1장에서 소개한 스리랑카의 싱할라 문자(22쪽 참조)도 동글동글하긴 했지만 이건 그보다 한술 더 떠서 뚱글뚱글한 느낌이네요. **이렇게까지 동글동글하면 결투 신청서마저도 러브레터라고 착각할 것 같은데요.**

글자를 보면 문자 위쪽에 마치 만화 《드래곤볼》에 나오는 크리링의 머리통처럼 동글동글한 부분이 보이는데, 그것이 바로 **인도봉의 비참한 말로**입니다. 몇몇 문자 위에 붙어 있는 둥근 우산처럼 생긴 것도 동글동글함을 강조하고 있는데 이것은 모음 'i'를 나타내는 것입니다.

그중에서도 제가 가장 좋아하는 글자는 ଞ 입니다. 마치 빵 두 개를 겹쳐놓은 것처럼 귀엽습니다. 게다가 글자의 발음이 '냐'여서 귀여움 포인트를 한층 더 높여줍니다.

이 글자 하나만으로도 "배가 고파서 빵집에 들렀다 갈게."라는 메시지가 전달될 것 같네요.

오리야 문자 글꼴은 아직 휴대폰이나 스마트폰 등에 표준으로 갖추어지지 않았지만, 앞으로 언젠가 사용할 수 있게 되면 학생들에게 폭발적인 인기를 끌 것 같습니다. 그런 전망에서 지금부터 오리야어를 공부해 두는 것도 하나의 재미겠네요.

학생들이 오리야 문자를 사용하고 있는데 옆에서 "아냐, 얘들아. 그 글자는 발음을 ○○라고 해야 해."라며 말을 걸어보세요.

질색할 게 틀림없습니다.

인도 봉의 의미는 단어의 경계를 명확히 나타내는 것입니다. 그런 의미에서 보면 이 오리야 문자에는 전혀 그런 기능이 없기 때문에 어떻게 보면 본말이 전도된 셈입니다. 그럴 바에는 아예 남기지 않는 게 나을 것 같다는 생각도 듭니다. 그래도 뭐 귀여우니까 봐주고 싶은 문자입니다.

문자 메모

주요 사용 지역: 인도
사용 언어: 오리야어

오리야 문자 및 오리야어는 영어로는 'Odia'라고 쓰는 경우가 많다. 그 이유는 '오리야'의 '리'에 해당하는 음이 영어에도, 일본어에도 없기 때문인데, '리'로도 '디'로도 들리는 건 분명하다.

텔루구 문자

학창 시절, 학교 근처에 있는 술집 '天狗_{텐구}'에 자주 가곤 했습니다. 얼마 전에 그 집에 가보니 가게 이름이 '텐구 술집'으로 변해 있더군요.

한자를 가나 문자로 바꾸어 써서 더 쉽게 다가갈 수 있고 '술집'이라는 말까지 붙여 더 친숙하게 만들어 유행에 민감한 여성들이 쉽게 접근하도록 노린다, 그런 전략을 쓴 게 아닐까 생각했는데, 실제로는 예전과 별 달라진 것도 없는 평범한 주점이었습니다. 어쨌든 '일본어를 쓰든 한자를 쓰든 **텐구라는 요괴 이름을 벗어나지 않는 한 고리타분해서 여성들의 인기를 끌 수 없겠구나.**'라는 생각이 들었습니다.

그건 그렇고, 이런 **무의미한 서론**을 거쳐서 이번에 소개할 것은 텐구가 아닌 텔루구_{Telugu} 문자입니다.

인도 남부의 안드라프라데시주를 중심으로 사용 인구 8000만 명을 자랑하는 텔루구어를 표기하는 문자입니다.

텔루구어는 힌디어, 벵골어에 이어 인도에서 사용 인구가 세 번째로 많은 그야말로 거대 언어로(영어는 제외), 인도 남부를 중심으로 퍼져 있는 '드라비다어족'에 속하는 언어로는 최대 규모를 자랑합니다.

글자를 보면 금방 알 수 있겠지만, 이 문자의 특징은 '체크 표시'입니다. 정체를 알 수 없는 체크 표시가 붙은 글자가 많습니다.

కగచపత

옛날에 어느 왕이 신하에게 문자를 만들게 하다가 "이 글자는 안 돼.", "이건 좋군!" 하고 최종적으로 승인한 글자에 체크 표시를 붙인 것이 그대로 문자와 함께 남게 되었다…, 그런 이유에서 생겼다면 **유쾌한 이야기겠지만 전혀 그런 게 아닙니다.**

인도계 문자의 뿌리는 원래 브라흐미Brahmi 문자인데, 이렇게 생긴 문자입니다.

＋ʔ∧ㄴ⼚d⾜∃ㅂⱵ⼓

그런데 나중에, 어디 사는 누구였는지 몰라도 **"글자 위에 장식을 달면 멋지겠다!"** 하고 말한 사람이 있었던 모양인지 그 뒤로 머리 위에 자그만 머리 장식을 달게 되었습니다. 예를 들면, 단순한 세로 막대 'ㅣ'가 'Ⅰ'처럼 살짝 변한 것입니다.

그러다 그 장식이 점점 길어지면서 'T'처럼 생긴 글자가 되고, 'Y'와 같이 좀 더 장식적으로 변하기도 했습니다.

그러다가 그 장식이 서로 맞붙어서 하나의 막대로 되어버린 것이 앞에서 소개한 데바나가리 문자입니다(34쪽 참조).

विकिपीडिया

제가 '인도 봉'이라고 이름 붙인 그것은 사실 점점 길어진 **머리 장식의 슬픈 말로**였던 것입니다. 하지만 단어와 단어가 연결된 것을 알 수 있기 때문에 의외로 편리합니다.

한편 텔루구 문자는 이 머리 장식이 체크 표시로 변해서 남게 된 것 같습니다만, 그렇다면 '아예 없애버리면 되지 않을까?' 하는 생각도 듭니다.

하지만 그래도 이 표시가 묘한 매력을 풍기는 것도 사실입니다.

예를 들어 제가 가장 좋아하는 글자는 ♂(da)입니다. 체크 표시가 매듭 모양처럼 보여서 마치 **끈으로 매달아 놓은 복숭아**를 보는 것 같습니다.

그 밖에도 멜론을 꼭 닮은 것 같은 ♂(ra) 등, 왠지 이 체크 표시는 글자에 잠재한 과일다움을 끄집어 내는 효과가 있는 것 같네요. 굳이 그런 걸 끄집어 낼 필요가 있는지는 모르겠습니다만.

그런데 조금 전 이 문자는 사용 인구가 많다고 말했지만, 사실은 존재감이 의외로 약합니다. 예를 들면 드라비다계 언어 중에서는 타밀어가 텔루구어보다는 사용 인구는 더 적지만 대표적 언어라고 말합니다.

타밀어는 오랜 역사와 함께 문학 작품도 많은데, 텔루구어는 언어로서의 표준화가 이루어지지 않았다는 문제도 있는 것 같습니다. 어떤 의미에서 보면 좀 운이 없는 언어이고 문자라고 할 수 있습니다.

문자 메모

주요 사용 지역:
인도 안드라프라데시주

사용 언어:
텔루구어

드라비다계는 주마다 독자적인 문자를 가지고 있고, 텔루구 문자는 이웃의 카르나타카주의 칸나다Kannada 문자와 매우 비슷하다. 다만, 칸나다 문자는 체크 표시가 아니라 멋지게 틀어 올린 머리 모양 같은 느낌이다 ಹ. 카르나타카주의 주도인 벵갈루루의 경제가 눈에 띄게 발전하고 있는 만큼 의식수준이 높아서 그럴까.

크메르 문자

캄보디아는 사연이 복잡한 나라로, 동남아시아 중에서도 가장 먼저 화려한 왕궁 문화를 잉태한 곳임에도 불구하고 점점 쇠퇴했습니다. 게다가 내전으로 엄청난 혼란에 빠져 지금도 '내전국', '빈곤국'이라는 이미지가 강하게 남아 있는 것 같습니다.

하지만 저는 캄보디아 문자인 크메르Khmer 문자를 볼 때마다 생각합니다. 이렇게 **한껏 멋지게 치장한 문자**를 쓰는 나라가 가난할 리가 없다고 말입니다. 이런 느낌의 문자입니다.

ព្រះរាជាណាចក្រកម្ពុជា

뭐랄까, **탑들이 여기저기 세워진 장식물로 넘쳐나는 사원** 같은 느낌이 들지 않습니까? 앙코르와트의 이미지에 영향을 받아서 그런지 모르겠지만 말입니다. 그중에서도 특히 간판 같은 데서 주로 사용되는 '무올Muol 서체'는 굉장합니다. 바로 이렇습니다.

ជាតិ សាសនា ព្រះមហាក្សត្រ។

뭐라고 표현해야 할까요, 전체적으로 물결이 온통 굽이치는 듯한 문자입니다. 이 문자를 볼 때마다 술집의 안주 코너에 흔히 볼 수 있는 가리비 껍데기의 굴곡선이 떠오릅니다.

그건 그렇고, 처음에 예를 든 크메르 문자를 다시 한번 보면 하나의 특징을 알아차릴 수 있을 것입니다. 글자 위에 붙어 있는 톱니 모양의 지붕처럼 생긴 부분입니다. 예를 들어 𝕟는 'k'를 나타내는 글자인데, 톱니 모양이 위쪽에 두 개 붙어 있습니다. 예로 든 단어는 '캄보디아 왕국'이라는 뜻의 말인데, 이 말 안에 톱니 모양이 달린 글자가 10개 넘게 들어 있습니다. **들쭉날쭉한 톱니 모양이 멋있게 보여서 유행이라도 되었던 걸까요?**

그중에서 제가 특히 좋아하는 글자는 𝕟𝕟𝕟 입니다. 마치 옷이 빨랫줄에 널려 있는 것처럼 보이지 않습니까? 태양이 작열하는 나라, 캄보디아인만큼 빨래가 잘 마를 것 같습니다. 참고로 𝕟𝕟𝕟𝕟 는 '프놈펜'이라는 뜻을 나타내는 말인데 톱니 모양이 멋지군요.

크메르 문자는 그 글자를 만드는 법도 무척 독특합니다. 자음을 위아래로 겹쳐 쓰고 모음 부호나 보조 기호를 붙여서 다양한 변화를 주며 복잡한 음을 표현할 수 있습니다. 예를 들어 𝕟는 한 글자로 '프놈'을 나타냅니다. 정말로 에너지 절약에 딱 적절한 문자군요. 일본의 전력 회사도 꼭 배웠으면 좋겠습니다.

역사적으로 말하면 이 들쭉날쭉한 톱니 모양은 인도계 문자 특유의 막대인 쉬로레카가 변화한 것입니다. 하지만 인도에서는 단순한 가로 막대였던 것이 어쩌다가 이런 톱니 모양처럼 변했을까요?

눈이 많은 지역에서는 집 지붕에 눈이 쌓이지 않도록 일부러 경사지게 만든다고 하는데, 그게 바로 **설국의 지혜**가 아닌가 생각합니다. 아 참, 조금 전에 **캄보디아는 태양이 작열하는 나라**라고 했던가요? 아무래도 건망증인가 봅니다.

아무튼 이런저런 이유로 이 톱니 모양의 유래는 오랜 세월 동안 수수께끼였습니다. 그런데 며칠 전 TV 방송으로 캄보디아에 관한 내용을 보는데 전통적인 궁정 춤 영상이 나오기에 문득 생각이 들었습니다.

이거다! 바로 이 손동작이야! 그 방송 내용은 캄보디아 궁정의 춤을 충실히 재현한 것이었습니다. 크메르 문자를 볼 때마다 왠지 화려한 인상이 들었는데 드디어 그 이유를 알게 된 겁니다.

궁정 춤의 섬세한 손동작을 표현하기 위해 굳이 톱니 모양을 넣는다. 그야말로 앙코르와트에 어울리는 고귀한 문자, 그것이 바로 크메르 문자입니다.

아 참, 손동작 이야기부터는 전부 거짓말입니다. 혹시 몰라서 말씀드립니다.

문자 메모

주요 사용 지역: 캄보디아
사용 언어: 크메르어

크메르어는 문자만 보면 이웃 나라 태국어와 비슷해 보이지만, 사실은 오른쪽에 위치한 이웃 나라 베트남어와 같은 계통이다. 자음 글자에 딸림모음이 붙는데, 자음 발음은 같아도 딸림모음이 다른 글자가 있다. 또 자음 글자가 연속될 경우, 처음 나오는 자음 글자 밑에 두 번째 자음 글자를 쓰기 때문에 원래의 모양과는 다른 형태가 된다. 이것을 이중 자음이라고 하는데 복잡함을 연출하는 하나의 요소이다.

제3장
고대 문자는 낭만적이다

히브리 문자

최근 PC나 스마트폰을 보면서 굉장하다고 느끼는 것 중 하나는 사용 가능한 언어가 정말 풍부해졌다는 겁니다. 예를 들어 아이폰에서 '사용 언어' 설정을 열면 러시아 문자나 아라비아 문자는 물론이고 타이 문자나 데바나가리 문자 등도 사용할 수 있습니다. 나도 모르게 신이 나서 히브리 문자를 선택해 봤습니다. 곧바로 모든 화면 표시가 히브리 문자로 변해 얼떨결에 "우와!" 하고 환성을 질렀네요.

그런데 이렇게 하면 당연히 '설정'이나 '언어' 같은 표시도 전부 히브리어로 변해버리기 때문에 어디를 어떻게 해야 다시 원래 설정대로 돌아갈 수 있는지 알 수가 없어 잠시 멍해집니다.

히브리 문자를 소개하면서 이런 힘 빠지는 에피소드로 시작하게 되었지만, 어쨌든 저는 이 문자를 볼 때마다 '고대의 바람'을 느낍니다.

바람을 느낀다고 말하니까 〈바람계곡의 나우시카〉가 생각나는데요, 실제로 이 문자의 역사는 길어서 적어도 서력기원 전후쯤에 지금과 같은 모양으로 정착되었다고 합니다.

물론 단순히 오래된 것으로만 보자면, 그리스 문자나 라틴 문자, 인도의 데바나가리 문자가 더 오래되었고, 한자 또한 글자체가 꽤 변했다고는 해도 더 역사가 오래된 문자입니다. 그런데 왜

이 히브리 문자에서 고대의 느낌이 드는 걸까요? 그건 이 문자에 문자로서 서투른 점이 남아 있어서 그렇다고 생각합니다.

이런 말을 하면 이스라엘 첩보 기관인 **모사드에 암살당할지도** 모르겠지만, 일단 이야기를 한번 들어보시죠. 들으면 이해가 될 겁니다.

문자는 일반적으로 역사를 거치면서 '구별해서 쓸 수' 있게 됩니다. 다시 말해 처음에는 비슷비슷한 모양의 글자가 있었어도 그것이 서서히 분명히 다른 모양의 글자로 분화하는 것입니다. 거꾸로 말하면 고대의 문자일수록 비슷하게 생긴 글자가 많다는 뜻이 되는데, 이 히브리 문자에 그런 글자가 많이 있습니다. 예를 들면 이런 겁니다.

ב   כ   נ

거의 오차 범위 내에 있는 것 같지만, 이 셋은 각각 다른 글자입니다. 참고로 맨 왼쪽에 있는 것이 'b'를 나타내는 '베트', 두 번째가 'k'를 나타내는 '카프', 마지막이 'n'을 나타내는 '눈'입니다.

히브리 문자는 아라비아 문자와 마찬가지로 모음을 표기하지 않습니다. 그러니까 만약 "바카나코밧카(BKNKBK)"라는 말을 나타낸다고 하면 아래와 같이 됩니다.

ב   כ   נ   כ   ב   כ

꼬 꼬 꼬 꼬 꼬 꼬(위 글자들이 가타카나 'コ' 코와 비슷하게 생긴 것을 이용한 말장난). 참고로 이 글자에 'v'를 나타내는 ך(바브)와 'd'를 나타내는 ㄱ(달레

트), 거기에 ע(아인)이라는 글자를 덧붙이면 이렇게 됩니다.

כ ﾂﾂﬠ רﬢ

꼬끼오 꼬꼬(위 글자들이 수탉 울음소리를 나타내는 가타가나 コケコッコ와 비슷하게 생긴 것을 이용한 말장난)가 되는군요. 그리 놀랄 일도 아닙니다.

예전에 이스라엘에 갔을 때, 이 문자가 지금 현재에도 사용되고 있다는 것에 무척 감동받았습니다. 게다가 이스라엘이라는 나라는 생각보다 훨씬 근대적인 국가입니다. 근대적인 건축물에 이 문자가 쓰여 있는 셈이니까 더더욱 독특한 느낌이 듭니다.

이 히브리 문자와 히브리어는 일부 유대인 가정에서 조금씩 사용되고 있었는데, 그것을 현대 히브리어의 아버지라 불리는 벤 예후다Eliezer Ben-Yehuda라는 사람이 현대에 부활시켜 세상에 알려지게 되었습니다.

이스라엘 건국에 관해서는 이런저런 문제가 발생하기도 했지만, 하나의 문자가 오랜 세월을 거쳐 이렇게 세상에 알려지게 된 것은 문자 팬으로서 기쁜 일입니다.

문자 메모

주요 사용 지역: 이스라엘 외
사용 언어: 히브리어

히브리 문자에서 모음을 표시하고 싶을 때는 글자에 '니쿠드niquud'라고 불리는 부호를 붙인다. 이것은 주로 점으로 되어 있는데, 예를 들어 해당 글자에 모음 'i'를 붙이고 싶으면 הַ와 같이 점 하나를, 'e'를 붙이려면 הֶ처럼 점을 세 개 찍는다. 이 부호가 붙으면 갑자기 글자가 점자 같은 모양이 되어 고대 문자에서 갑자기 현대로 시간을 건너뛰기라도 한 것 같아서 재미있다. 다만 학교 교재 등에서만 사용된다.

모아이를 보여줘 모아이를

롱고롱고 문자

'롱고롱고 문자'라는 문자를 아십니까?

──"말할 수 없는 것에 관해서는 우리는 침묵해야 한다." 그거 말인가요?

아아, 《논리철학논고》 말씀이군요. 하지만 그건 '논고논고 문자'니까 독일어의 라틴 문자를 말하는 거겠네요.

── 그럼 혹시 캐나다 원주민 문자 말입니까? '아'를 나타내는 문자 '◁'를 오른쪽으로 90도 회전시켜 '△'가 되면 '이'로 읽고, 그걸 다시 회전시켜 '▷'이 되면 '오', 또 '▽'은 '에'가 되는 것처럼, 문자를 회전시켜서 각각 다른 모음을 표시하는 걸로 유명한 문자 말입니다.

그런 매니아 문자를 알고 계시는군요. 하지만 그것도 아닙니다. 그건 **'굴렁굴렁 문자'**겠죠.

── 그럼 1980년대 미국과 일본에서 로널드 레이건 미 대통령과 나카소네 야스히로 일본 수상이 애칭을 부르며 맺었다는 긴밀한 관계를 말하는 건가요?

아, '론-야스 관계'를 말씀하시는 거군요. 그래 봤자 **'론'이란 글자 하나만 비슷하네요.** 게다가 그건 문자도 아니지 않습니까?

이런 우스갯소리를 늘어놓으면서 소개할 문자는 바로 롱고롱고Rongorongo 문자입니다. 모아이 석상으로 유명한 칠레 이스터섬에

55

서 사용하는 문자인데 이런 느낌이죠.

뭐랄까, 전체적인 모습이 사람처럼 생긴 것 같기도 하고 도마뱀 같기도 한 글자가 눈에 띄네요. 도마뱀이 너무 많나요? 이 문자는 사실 지금까지도 해독하지 못한 '수수께끼의 문자'입니다.

이 문자가 기록으로 나타난 것은 1860년대로, 당시 이스터섬의 인구는 외지인의 침략과 그들 내부에서 발생한 역병 등을 이유로 격감한 상태였습니다. 말하자면 이 문자를 읽을 수 있는 사람이 거의 남아 있지 않았다는 것입니다.

또한 현존하는 자료가 적고, 형태만 흉내 낸 가짜가 많이 출현하게 되었는데, 그것이 문자 해독을 더 곤란하게 한 것 같습니다.

그리고 애초에 이것이 정말로 문자였는지조차도 확실치 않습니다.

그 이유 중 하나는 이스터섬이 서양인에게 '발견'된 직후에는 이 문자가 누구의 기록에도 나타나지 않았는데 1860년대에 들어서 갑자기 나타났다는 겁니다. 서양인이 글자를 쓰는 것을 보고 아무 생각 없이 그 모양을 흉내 내본 것일 뿐이라는 설도 있는 모양입니다. 저도 그 생각에 동의합니다. 왜냐하면 **모아이 석상다운 문자가 없으니까**요.

지금까지 120개 정도의 글자가 확인된 것 같지만, 모아이다운 글자가 분명하다는 생각이 드는 글자는 발견되지 않은 것 같습니다.

'갑자기 무슨 엉뚱한 말이지.' 하고 생각할지도 모르지만 이건 진지한 이야기입니다. 왜냐하면 이스터섬 하면 가장 먼저 떠오르는 것이 바로 모아이 석상입니다. 이스터섬의 문자에 모아이 느낌이 나는 글자가 없다는 것은 일본 문자에 사무라이 느낌이 나는 글자가 없다는 말이죠…. 으음? 일본 문자도 **그런 글자가 없네요**.

아까 한 말은 취소하겠습니다. 물론 저도 이 문자는 어엿한 문자라고 생각합니다.

현실적으로 서양인과 접촉한 뒤로 100년 만에 제대로 된 문자 체계를 만들어낸다는 건 꽤 어려운 일인지도 모릅니다. 문자라기보다는, 예를 들어 어떤 의식이 진행되는 모습을 그림문자화하여 기록해 놓은 듯한 것으로 아마도 '문자가 되기 전 단계'였을 가능성도 있습니다.

그렇기는 하지만 그대로 역사를 이어갔다면 어엿한 문자 체계를 만들어냈을지도 모르죠. 만약 그랬다면 이스터섬의 주민들은 '모아이'를 어떤 문자로 표현했을까요? 상상에는 끝이 없습니다.

문자 메모

주요 사용 지역: 이스터섬
사용 언어: 라파누이어?

글자 수는 120개 정도라고 하며, 그 변형(이자체)으로 500개가 좀 못 미치는 정도가 있다고 한다. 참고로 인더스 문명에서 사용되었고 아직 해독되지 못한 인더스 문자에 이 롱고롱고 문자와 서로 비슷한 글자가 꽤 있다. 설마 관계가 있을 거라고 생각하지는 않지만, '인간이 처음 문자를 만들려고 할 때는 이런 모양이 되기 쉬운 건가.' 하는 생각이 들면서 공통점을 볼 수 있는 것 같아서 재미있다.

아저씨의 사랑스러운 옆태?

마야 문자 1

마야 문자는 **하고 싶은 말이 너무 많아서** 어디서부터 이야기를 시작해야 좋을지 모르겠습니다. 비유하자면 정년퇴직을 코앞에 둔 베테랑 사원이 갓 입사한 직원을 지도하는 것과 같다고 할까요?

"시간은 엄수할 것. 연장자에게 반말은 금물. **회사에 샌들 신고 오는 건 삼가고.**"

어쨌든 실물부터 먼저 보고 이야기할까요? 이런 느낌입니다.

먼저 **어느 것이 문자인가** 살펴보면, 오른쪽의 네 줄, 왼쪽의 한 줄, 마치 **전통 공예품에 조각된 문양**처럼 보이는 것이 판에 새겨져 나란히 놓여 있습니다. 이것 하나하나가 문자입니다.

'왠지 나무판 위에 으스스한 느낌이 드는 사람 얼굴처럼 생긴 게 여기저기 보이는데…' 이런 생각이 드는 분이 계실지도 모릅니다.

예를 들면 이런 글자입니다.

사람인지 아닌지 좀 의문스럽기는 하지만, 아무리 봐도 이건 사람의 옆얼굴입니다. **옆얼굴처럼 생긴 이것이 바로 글자입니다.**

그런데 보통 문자에는 '읽는 순서'가 있습니다. 라틴 알파벳은 왼쪽에서 오른쪽, 아라비아 문자는 오른쪽에서 왼쪽, 일본 문자는 위쪽에서 아래쪽, 혹은 왼쪽에서 오른쪽입니다.

마야 문자는 '왼쪽 위에서 읽기 시작해서 오른쪽으로, 그리고 대각선 방향으로 왼쪽 아래로, 그리고 오른쪽…' 이렇게 반복됩니다. 무슨 말인지 이해하기 어려울지도 모르겠는데, 예를 들면 이렇습니다.

A B C D

E F G H

I J K L

이런 식으로 문자가 나열되어 있다고 한다면, A→B→E→F→I→J→C→D→G→H→K→L, 이런 순서로 읽는다는 말입니다.

앞에서 마야 문자에 대해서 할 말이 많다고 말했는데, 지금까지 한 이야기는 아직 그 절반밖에 안 됩니다. 그만큼 **까다로운 문자**입니다.

그건 그렇고 사진이 선명하지 않아서 죄송합니다. 예전에 멕시코에 팔렌케 마야 문명 유적을 보러 갔을 때 직접 찍은 사진이라서 그렇습니다. 그때 열흘 정도 일정으로 중미의 마야 유적을 돌았는데, 이 문자가 쓰여 있는 비석을 찾아 여기저기 돌아다닌 적이 있습니다. **마야 문자를 그렇게 좋아하냐고요?** 조금 전에 까다로운 문자라고 말하기는 했지만 사실은 꽤 좋아합니다.

마야 문자는 마야 문명에서 사용된 문자입니다. 기원전 2세기 무렵에 나타나 9세기 무렵까지 활발하게 사용되었습니다. 다만 9세기 이후 마야 문명은 알 수 없는 이유로 쇠퇴해 문자도 점점 사라지게 되었습니다. 그런 가운데 스페인이 중미로 진출하게 되었고, 일부 광신적인 기독교 선교사들이 남아 있던 사본을 모조리 태워버리는 폭거를 자행하는 바람에 마야 문자에 관한 지식은 완전히 단절되고 맙니다. 그리고 그 후로 이 문자를 읽을 수 있는 사람은 완전히 사라져버리게 된 것이죠.

그 후, 마야 문명 전성기의 유적이 정글에서 발견되면서 이 수수께끼의 문자가 새겨진 비석이 대량으로 발견되는데, 너무도 독특한 그 형상 때문에 "문자가 아니라 그냥 장식이 아닐까?", "문자라고 해도 그냥 원시적인 그림문자인지도 몰라." 등등 말들이 많았습니다.

20세기 이후로 조금씩 해독이 가능해지면서 사실은 확실한 문법 체계를 가진 번듯한 문자라는 것이 판명되었습니다. 그저 장식일 뿐이라고 생각했던 비석에서 잃어버린 마야인들의 역사가 하나하나 되살아난 것입니다.

이 문자 해독의 과정은 마이클 코Michael D. Coe의 저서 《마야 문자 해독Reading the Maya Glyphs》에 자세히 기술되어 있습니다. 두말할 나위 없이 지적 흥분을 느낄 수 있는 명저로 추천합니다.

그 책을 읽고 나서 마야 문자의 구조를 이해하게 되었지만, 솔직히 말해서 '용케도 이런 문자를 읽을 수 있었군.' 하는 마음이 지금도 듭니다. 저는 마야 문자 리스트를 가지고 있는데, 사실 조금

전에 소개한 '리젠트 헤어스타일로 양쪽으로 가른 머리에 눈빛이 번쩍번쩍한 아저씨'처럼 생긴 글자, 그게 리스트의 어느 글자에 해당하는지 잘 모릅니다. 그러니까 이 마야 문자는 글자를 쓰는 사람에 따라 선의 느낌은 물론 형태까지 자유롭게 변하기 때문에 비전문가의 눈에는 어느 문자인지 알 수 없을 때가 있습니다. 대체 어쩌라는 건지.

그래도 이리저리 비교해 보았는데, 그러다 보니 혹시 숫자 4가 아닐까 하는 생각이 들었지만 그것도 확신할 수는 없습니다. 그것도 그렇지만 숫자 4를 쓸 때마다 **이런 아저씨와 대면해야 한다는 건 싫네요.**

이렇게 끝도 없이 솟아나는 루르드의 샘처럼 할 말이 많은 유일무이한 문자, 그것이 마야 문자입니다.

문자 메모

주요 사용 지역: 고대 마야 지역(현재의 멕시코 동부, 과테말라, 벨리즈 등)
사용 언어: 마야제어

비석에 새겨진 것을 빼면 문자로서 쓰여 있는 마야 문자는 전 세계에 겨우 네 개밖에 남아 있지 않다. 그중 유명한 것이 독일에 있는 소위 '드레스덴 사본Dresden Codex'이라고 불리는 것이다. 비석의 문자와 달리 부드러운 인상이 느껴진다. 이런 사본은 다수 있었지만, 유럽인 선교사들이 전부 태워버렸다. 대체 무슨 짓을 한 건지.

마야 문자 2

앞 내용에 이어서 문자계의 장난꾸러기로 유명한 마야 문자에 대해 좀 더 다루어보겠습니다.

수상한 얼굴과 수수께끼 같은 장식이 두드러지는 문자이지만, 기본적으로는 '상형문자', 즉 뭔가의 모양을 본떠서 만들어진 것으로 생각됩니다. 예를 들어 아래의 글자를 보면 금방 알 수 있습니다.

예, 어디를 어떻게 봐도 재규어네요.

….

…….

… 제 그림 실력에 치명적인 결함이 있다는 건 충분히 알고 있지만, 정말로 이런 느낌의 문자입니다. 믿어주세요. 날카로운 송곳니와 얼룩무늬에서 재규어 같은 느낌을 받을 수 있으면 다행입니다.

참고로 이 글자는 '발람balam'(마야어로 재규어)이라고 읽습니다. 그렇다면 마야 문자는 전부 이런 느낌의 상형문자(더 정확하게 말하면 표어문자, 즉 하나의 글자가 뜻을 가진 말의 단위를 나타내는 문자 체계)인가 하면 꼭 그렇지는 않습니다. 음만 표현하는 글자도 있습니다. 또 일본어의 가나 문자와 마찬가지로, 글자 하나가 자음과 모음을 나타내는 '음절문자'로서의 요소도 갖추고 있습니다.

그리고 이 표어문자와 음절문자가 **뒤섞여 혼재**하는 것이 마야 문자의 가장 큰 특징입니다. 예를 들면 조금 전에 소개한 '재규어(발람)'라는 글자는 이렇게도 쓸 수 있습니다.

재규어의 모양이 조금 전의 그림과 살짝 다를뿐 아니라, 그 옆에는 뭔지 모를 물체까지 나타났습니다. 재규어가 뭔지 알 수 없는 고기를 물어뜯고 있는 것처럼 보이는데, 이 수수께끼의 고기가 바로 'ba'를 나타내는 음절문자입니다.

친절하게도 "이 글자는 '바'로 시작합니다."라고 알려주고 있는 셈입니다. 또 이렇게 쓸 수도 있습니다.

거듭 말씀드리지만 **엉성한 재규어 그림 실력**은 그냥 무시하고 보면, 이번에는 재규어 밑에 발 같은 것이 달려 있는 걸 알 수 있습니다. 이것은 'ma'를 나타내는 글자입니다. 단어 끝에서는 모음이 소멸하기 때문에 'm'이 됩니다. 굳이 라틴 문자로 표기하면 'ba-

BALAM(재규어)-m'이라고 쓸 수 있겠네요.

다시 말하면 음을 나타내는 문자만으로 표현하는 것도 가능합니다. 예를 들면 이런 거죠.

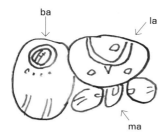

'ba', 'la', 'ma'로 'balam'이 됩니다. 형태만 보면 머리가 너무 큰 거북이처럼 보이기도 합니다만, 이것도 역시 재규어를 뜻하는 말입니다.

이런 식으로 꽤 자유로운 표현이 가능한 것이 마야 문자의 특징입니다. 그럼 이것을 어떻게 구별해서 사용했는가 하면, 아무래도 **서기의 취향**이었던 것 같습니다. "오늘은 재규어에 발이라도 한 번 척 붙여볼까! 척 하고 말이야!" 이런 느낌으로 말이죠. **자유에도 정도가 있을 텐데요.** 사실 재미있게 이야기하려고 이렇게 쓰긴 했지만, 실제로는 제대로 된 용도가 있습니다.

사실 이 마야 문자는 동일한 글자가 복수의 사물을 나타내는 경우가 꽤 있습니다. 그럴 때, "이 글자는 이런 의미입니다." 하고 나타내기 위해 음절문자를 덧붙여 의미를 분명하게 할 수 있습니다.

이것은 한자와 가나 문자를 섞어 쓰는 일본어 원리와 같습니다. 예를 들면, 일본어에서는 '行'이라는 한자 하나에 여러 가지 읽는 법이 있기 때문에, 일본식 한자음을 읽어 '교ぎょう'로 읽어야 할지, '가다'란 뜻을 읽어 '유쿠ゅく'나 '행하다'라는 뜻을 읽어 '오코나우ぉこなう'로 읽어야 할지 알 수가 없습니다.

그래서 '行' 앞에 예를 들어 'ぎ'를 붙여 'ぎ行'이라고 쓰면, "아, 이 行은 '교'라고 읽어야겠구나." 하고 알 수 있는 겁니다.

또는 行 뒤에 '오쿠리가나'라고 하는 특정 음을 붙일 수도 있습니다. 예를 들어 行 뒤에 'う'라는 글자를 붙여 '行う'가 되면, '가다'가 아니고 '행하다'라는 의미니까 거기에 맞춰 읽어야 하는 걸 알 수 있습니다. 다시 말해 마야 문자의 음절문자는 일본의 오쿠리가나와 같은 역할을 하는 겁니다. 마야 문자를 해독하는 데 크게 공헌한 러시아의 언어학자 유리 크노로조프는 이 문자를 해독할 때 일본어 지식이 도움이 되었다고 말하기도 했습니다.

"일본어 표기법은 왜 이렇게 복잡해!" 하고 불평하는 분들도 많겠지만, 마야 문자도 마찬가지라고 하면 가나 문자를 쓰면서 왠지 근사한 문자를 쓰고 있는 것 같은 기분도 들지 않겠어요?

참고로 앞에서 소개한 히에로글리프나 쐐기문자 등, 표기법의 원리가 비슷한 것이 있습니다. **전부 고대 문자이긴 하지만요.**

고고한 원시풍 문자

티피나그 문자

제가 오랫동안 동경해 온 문자 중에 '티피나그Tifinagh 문자'라는 것이 있습니다.

이 문자는 북아프리카 사하라 지역에 사는 유목민족인 투아레그족의 문자입니다. 이 투아레그족은 용감함과 고고한 삶을 사는 걸로 알려져 있는데, 입고 다니는 옷 색깔 때문에 '푸른 민족'이라는 말로도 불리는 멋진 사람들입니다. 게다가 그들의 문자인 티피나그 문자는 계통이 불분명하고 주변의 문자와는 완전히 다른 독자적인 것인데, 왜 그런지 모르지만 사용하는 사람은 여자들뿐이라는…, 무슨 **망상소설 설정에나 나올 법한 문자**입니다.

그런 어떤 중2병적인 낭만을 느꼈는지 어떤지는 모르겠지만, 같은 계통의 언어를 사용하는 모로코의 베르베르인들은 자신들의 언어를 기록하기 위해서 '신新 티피나그 문자'를 개발했습니다.

고대에는 그들도 티피나그 문자를 사용했는데 그 후 아라비아 문자로 대체되었지요.

민족주의가 대두되면서 티피나그 부활론이 생겨났지만 종래의 티피나그 문자 계통으로는 지금 자신들의 언어를 제대로 표현할 수가 없었습니다. 고민하던 중에 옛 문헌에 지금까지 발견되지 않은 문자를 찾았습니다. 그래서 '어? 왠지 이거 사용할 수 있을 거 같은데?'라는 생각에서 신 티피나그 문자가 개발되었다는 말이 있습니다. 고대의 자료에서 숨겨진 문자가 발견되다니…, 왠지 〈인디아나 존스〉가 떠오르는군요.

이 언어와 문자에 대해 설명한 입문서가 희한하게도 일본어로 발간되었다는 정보를 입수했습니다. 제 오랜 로망이기도 했고, **나 말고 어느 누가 이런 책을 사겠는가 하는 쓸데없는 의무감**에서, 아무리 생각해도 쓸데는 없어 보이지만 결국 샀습니다. 정가 4600엔 (약 5만 원). 출판사에서 경비 지원을 해주실까요? 역시 무리인가요? 그렇습니까?

그렇게 구입한 책을 펼쳐보았는데, 무엇보다 **원시적인 느낌**이 압도합니다. 사막 지대에서 사용하는 문자라면 모르겠지만, 도시로 나와 활자화되어 어엿한 책이 되니 그 위화감이 강렬하게 느껴집니다.

ⵉⵎⴷⴰⵏⴻⵏ, ⴰⴽⴽⴻⵏ ⵎⴰ ⵍⵍⴰⵏ ⵜⵜⵍⴰⵍⴻⵏ ⴷ ⵉⵍⴻⵍⵍⵉⵢⴻⵏ ⵎⵙⴰⵡⴰⵏ ⴷⵉ ⵍⵃⵡⴻⵕⵎⴰ ⴷ ⵢⵉⵣⴻⵔⴼⴰⵏ-ⵖⵓⵔ ⵙⴻⵏ ⵜⴰⵎⵙⴰⴽⵡⵉⵜ ⴷ ⵍⴰⵄⵇⴻⵍ ⵓ ⵢⴻⵙⵙⴻⴼⴽ ⴰⴷ-ⵜⵉⵍⵉ ⵜⴻⴳⵎⴰⵜⵜ ⴳⴰⵔ ⴰⵙⴻⵏ.

원시적인 느낌이 드는 이유는 직선이 많아서 그런 게 아닐까 하는 생각이 듭니다.

사실 요즘처럼 훌륭한 필기구가 나오기 전에는 곡선을 긋기가 어려웠습니다. 그래서 고대의 문자는 비교적 각진 모양이 많은데, 그것이 세월이 흐르면서 부드러워진다는 것이 제 가설입니다. 아닐까요? 그래서인지 고대에서 갑자기 현대로 시간 이동한 티피나그 문자에는 아직 그런 고대의 성격이 남아 있는지도 모릅니다.

이 모로코판 티피나그 문자가 느리기는 하지만 조금씩 침투하

고 있다고 합니다. 그렇게 점점 사용하는 동안에 서서히 각진 모
습이 사라지고 세련된 문자로 변해가겠죠.

그건 왠지 조금 아쉬운 느낌이 드는군요.

문자 메모

주요 사용 지역: 모로코 등
사용 언어: 베르베르어, 투아레그어 등

라틴 문자의 기원이기도 한 페니키아 문자에서 파생된 유서 깊은 문자이다. 티피나그란
단어는 페니키아(포에니)와 어원이 같은 것으로 생각되는데, 페니키아는 로마와 포에
니 전쟁에서 싸워 멸망한 페니키아인을 말한다. 라틴 문자와 티피나그 문자가 병기되어
있는 것을 보면 2천 년이 지난 지금도 여전히 싸우고 있는 듯한 생각이 든다.

제4장
바보야, 문제는 '모음 표현'이야

꾸불꾸불 자음 퀴즈

아라비아 문자

제가 어릴 때부터 동경하던 문자, 그건 바로 아라비아 문자였습니다. 술술 물 흐르는 듯한 아름다운 형태, 그리고 무엇보다 '이게 정말 글자란 말야?' 하는 생각이 들 정도로 이국적인 느낌. 이런 문자를 사용할 수 있다면 얼마나 멋질까 하고 생각했습니다.

흔히 생각 없는 사람들이 이렇게 아름다운 문자를 '지렁이 같은 문자'라고 부르기도 하지만 말도 안 되는 소리입니다. 지렁이라기보다는 차라리 **꼬시래기** 같죠. 아, 더 인상이 안 좋다고요?

어쨌든 아라비아 문자의 특징이라고 하면 바로 이런 '꾸불꾸불하게 이어진 느낌'일 겁니다. (왼쪽 사진은 터키에서 구입한 것으로 아라비아 문자가 새겨진 접시입니다.)

말하자면 영어 필기체와 같은 것으로, 아라비아 문자는 공식 문자든 뭐든 상관없이 모든 글자를 이어서 쓰는 것이 정식입니다. 다시 말해 필기체밖에 없는 문자라는 말입니다.

그리고 각각의 문자 구성 요소가 비교적 단순하기 때문에 선을 늘리거나 둥글려 쓰기가 쉽습니다. 그것이 창작 의욕을 자극

70

해 어디서부터 어떻게 읽어야 할지 모르는 상황이 되기도 합니다.

그런데 이 아라비아 문자를 구사하는 데에는 커다란 장애물이 있습니다. 그건 아라비아 문자는 원칙적으로 '자음밖에 표기하지 않는' 것입니다.

예를 들어 산이라는 말은 일본어로 '야마'라고 합니다. 이것을 라틴 문자로 표기하면 'yama'와 같이 자음과 모음을 조합하여 표기하지만, 아라비아 문자로는 'ym'(يم)만 쓰고 '야마'라고 읽어야 한다는 겁니다. ym을 두고 일본어로는 며느리를 뜻하는 '요메'로 읽을 수도 있고 어둠을 뜻하는 '야미'로 읽을 수도 있는 것으로, 어떤 의미를 나타내는지는 문맥으로 판단할 수밖에 없습니다. 그렇지만 '며느리'를 '어둠'으로 잘못 읽으면 **화목한 가정에 엄청난 불화를 가져올 수도 있을 것 같군요.**

그런데도 아라비아 문자가 문자로서 기능할 수 있는 이유는 아라비아어에는 모음이 3개(a, i, u)밖에 없고 그 대신 자음이 많이 있기 때문입니다.

아라비아어의 자음은 상당히 악명 높기로 유명한데, 개중에는 **'목이 졸린 닭 같은 느낌이 드는 ㄱ'**음이라든가 **'거만한 느낌의 ㅌ'**음 같은 것도 있습니다.

또한 아라비아 문자는 '야ー' 또는 '마ー' 같은 장모음도 표기할 수 있는데, 예를 들면 '도쿄' 같은 말의 장음도 나타내 '도ー쿄ー'(طوكيو)와 같이 표기합니다. 그래서 일본어를 표기할 때는 불편하다는 생각이 들 수도 있지만, 자음이 많은 언어라면 생각보다 그렇지 않은 모양입니다.

예전에 교통정리 아르바이트를 한 적이 있는데, 시간이 너무 남아돌아서 지나가는 차들의 이름을 외우는 게임을 해본 적이 있습니다.

그중에 'STEPWGN'이라는 이름이 쓰인 차가 있었는데 보자마자 바로 '스텝웨건'이라는 걸 알았습니다. 그때 '아, 아라비아어 표기가 바로 이런 거구나.' 하고 생각했습니다. **일이나 똑바로 하라고** 말하실지도 모르겠습니다만, 어쩐지 암호 같은 느낌이 들어 재미있지 않나요?

아라비아 문자의 이국적인 선을 보며 '그 속에 어떤 의미가 숨겨져 있을까.' 하고 상상해 보는 것도 문자를 배우는 즐거움의 하나입니다.

문자 메모

주요 사용 지역: 이집트, 사우디아라비아, 이란 등
사용 언어: 아라비아어, 페르시아어, 우르두어

원칙적으로 자음뿐으로 모음을 나타내지 않는 것이 특징이다. 페르시아어나 우르두어, 위구르어와 같이 아라비아 계통이 아닌 언어에서는 여러 가지 방법을 마련하거나 독자적인 문자를 만들면서 대응하고 있다.

캐나다 원주민 문자

지금 우리는 주변에 라틴 문자가 넘쳐나는 시대에 살고 있어서 당연하게 여겨질지도 모르겠지만, 문자를 사용하기 시작했을 무렵의 사람들은 '모음을 어떻게 표현할까'에 대해 오랫동안 고민했습니다.

잠깐 짚고 넘어가자면, '다'라는 음의 경우 'ㄷ'에 해당하는 소리가 자음, 'ㅏ'에 해당하는 소리가 모음입니다.

처음에는 모음을 표기한다는 발상 자체가 없었습니다. 예를 들어 이집트의 히에로글리프나 라틴 문자의 기본이 된 페니키아 문자도 자음만 표기한 것입니다. 앞에서 소개한 아라비아 문자 같은 경우도 기본적으로는 지금도 그렇습니다.

다시 말해 '바지'든 '부자'든 똑같이 'bj'로 표기한다는 뜻입니다. **바지나 부자 같은 말이라면 그나마 괜찮겠지만**, 글자를 서로 잘못 읽어서 문제가 심각해지는 경우는 얼마든지 있겠죠.

"사장님은 부자야."라고 읽어야 하는데 "사장님은 바지야."라고 잘못 읽을 수도 있다는 겁니다.

그런 안타까운 역사를 극복하기 위해 인류는 모음이 되는 글자를 자음 뒤에 나란히 놓거나(라틴 문자), 상하좌우에 부호를 붙이거나(인도계 여러 문자), 점을 찍거나(아라비아 문자, 히브리 문자) 하는 등 여러 가지 방법으로 모음을 나타내게 됩니다.

그중에 뭐가 우수한 문자인지는 모르겠지만, 어쨌든 사람들은 이제 '모음을 표기하는 방법'이라면 거의 다 나왔을 거라고 생각했습니다. 그러던 중, 19세기에 캐나다의 어떤 문자가 모음자계에 파문을 던졌습니다.

캐나다에는 유럽에서 이민자들이 건너오기 전부터 아메리카 원주민족 계통의 사람들이 살고 있었는데, 그들 대부분은 문자가 없었습니다. 그런 그들의 언어 중 하나였던 크리어나 오지브와어로 포교하러 왔던 선교사들이 새로운 문자를 개발한 것입니다.

그 이름도 '캐나다 원주민 문자Canadian aboriginal syllabics'입니다. … **뭔가 좀 더 괜찮은 이름은 없었을까요?** 어찌 됐든 **엉성한 이름**과는 달리 이 문자의 모음 표기법은 참신했습니다.

예를 들면 ∪ 같은 문자는 't'를 나타내는데, 이것 자체만으로 보면 '테(te)' 음입니다. 그런데 옆으로 눕히면(⊏) '타(ta)'가 됩니다.

⊃는 '토(to)'가 되고 ∩는 '티(ti)'가 됩니다. 즉 **문자를 뒤집으면 모음이 바뀌는 시스템**입니다. 참고로 ∨는 '페(pe)'이고, ＜는 '파(pa)', ＞는 '포(po)', ∧는 '피(pi)'가 됩니다.

예를 들어 'ㄱ'이란 문자가 '가'를 나타내는데, 오른쪽으로 90도 회전시켜 ⌐ 가 되면 '거'가 되고, ㄴ 처럼 뒤집으면 '구'가 된다는 말입니다.

'거부하다'를 예로 들면 ⌐ ㅂ ㅎ ⊏ 처럼 되는 것이죠.

'왜 회전을 시키지?' 하는 생각도 들지만 어떤 속기법에 이런 식의 표기법이 있는 모양입니다. 그리고 인쇄에 활자를 사용하던 시대에는 같은 활자를 빙글빙글 돌리기만 하면 되니까 절약이 되었는지도 모르죠.

덧붙여 말하자면 이런 언어는 모음이 4개밖에 없기 때문에 네 가지 방향으로 회전시키기만 하면 모든 모음을 표현할 수 있는 모양입니다.

이 문자를 알았을 때 내게 가장 먼저 떠오른 생각은 '이거 주사위로 쓸 수 있겠는데.'였습니다. 그래서 한번 만들어보았습니다.

제작 시간 10분에 만들어낸 역작입니다. 여섯 면에 문자가 하나씩, 각각을 네 가지 방향으로 돌릴 수 있으니까 이 주사위 하나로 24개의 문자를 표현할 수 있습니다. 시험 삼아 다섯 번을 굴려보았더니 '이', '아', '케', '포', '노'가 나왔네요.

의외로 크리족 학생들은 이런 놀이를 할지도 모릅니다. 수업 중에 주사위를 굴려 '이아케포노가 날 좋아하는지도 몰라.' 같은 식으로 말이죠. 물론 이 경우 '이아케포노'가 사람 이름은 아니겠지만요.

뒤집으면 모음이 바뀐다는 이 참신한 시스템, **주사위에 응용하**

는 것 말고는 딱히 장점이 있을 것 같지는 않지만, 그래도 이런 놀이를 할 수 있는 문자도 하나쯤 있는 것도 좋겠죠.

문자 메모

주요 사용 지역: 캐나다
사용 언어: 크리어, 오지브와어

이 문자가 사용되는 크리어, 오지브와어는 둘 다 넓은 의미에서 알곤킨어파에 속한다. 미국 및 캐나다에 광범위하게 퍼져 있는 원주민 언어로, '메사추세츠'나 '위스콘신' 같이 발음하다가 혀를 깨물 것만 같은 지명은 알곤킨어에서 유래한 것이다.

돼지 코와 화성인의 발

그으즈 문자

얼마 전 지인인 일러스트레이터가 에티오피아로 여행을 떠난다고 하기에 "뭐든지 좋으니까 책 좀 사와주세요!" 하고 얼떨결에 부탁한 적이 있습니다. 왜냐하면 말이죠, 에티오피아에는 멋진 문자가 있거든요. 그건 바로 그으즈Ge'ez 문자입니다.

에티오피아는 다민족국가로 그으즈 문자는 사실상 공용어로 정해져 있는 암하라어 등을 표기할 때 사용되는 문자입니다. '암하라Amhara 문자' 또는 '에티오피아 문자' 등으로도 불립니다.

과연 어떤 문자일까요? 지인이 사다준 책의 첫 페이지를 한번 보실까요?

የእንጀራ ልጆቹን ግን ጋራና ያልበሰለ የሽሮ ወጥ
ትመግባቸው ነበር::

ቢሆንም እናት የሌላቸው ልጆች እየወፈሩና
እያደጉ ጥንካራም እየጨመሩ ሄዱ:: የሁለቱም
ወንድማማቾች መልክ አበባ መሰለ:: በእንጀራ
እናት የሚያደጉ አይመስሉም ነበር:: ዘወትርም
ሲዘሉና ሲፈነጥዙ ይውላሉ:: በድሉት የሚኖረው
እንደሻው ግን እንደነሱ ሊወፍር አልቻም::

'야, 너, 숨어 있어도 다 보여!' 아마 많은 분들이 이런 생각을 했겠죠? **여러 가지 의미가 담긴 듯한 일러스트**는 잠시 제쳐두고, 그 밑에 있는 문자를 한번 보실까요? 그게 바로 그으즈 문자입니다.

가장 큰 매력은 '들쑥날쑥'한 느낌입니다. 예를 들어 돼지 코처럼 생긴 글자를 한번 볼까요?.

'w'를 나타내는 글자인데 좌우의 콧구멍 크기나 위치가 미묘하게 다릅니다.

'디지털이다, 클라우드다, 하며 인터넷 비즈니스가 성행인 요즘 같은 시대에 좌우 크기가 왜 다르지?' 하고 처음에는 인쇄업자의 실수가 아닐까 생각했지만, 사실 이 글자는 컴퓨터상의 글꼴에서도 ◖◗ 와 같이 양쪽이 다르게 나옵니다. 아무래도 좌우 비대칭인 것이 에티오피아인의 정체성인 모양입니다.

그런데 저는 왠지 이 글자를 볼 때마다 '감자 도장'이 떠오릅니다. 감자를 반으로 잘라 그 단면에 그림이나 글자를 그리고 그 모양을 따라 조각칼로 파낸 다음 스탬프 찍듯이 쾅 하고 종이에 찍는 것, 그걸 감자 도장이라고 합니다. 들쑥날쑥한 문자를 스탬프 찍듯이 탕탕탕 종이 위에 찍은 듯한 느낌이 들지 않나요?

참고로 이 문자의 구조는 기본이 되는 자음 문자의 상하좌우에 살짝 뭔가를 덧붙여서 모음을 나타냅니다. 예를 들면 'p'를 나타내는 문자 T 는 단독으로 쓰일 때는 '패(pä)'라는 음이지만, 옆에 선을 살짝 그려 이 되면 '푸(pu)'가 되고 또 는 '피(pi)', 는 '페-(pe:)'가 되는 식입니다.

인도계의 여러 문자와 같은 구조로, 이렇게 자음과 딸림모음을 포함한 기호가 하나의 음절을 이루고 그 외의 모음은 별도의 기호로 표기하는 문자를 전문용어로는 '아부기다abugida'라고 부릅니다. 아부기다는 그으즈 문자에서 a, b, c, d 격인 첫 네 글자에서 따온 말입니다.

이런 묘한 체계 덕에 운치 있는 문자가 차례차례 생겨나는 것이 그으즈 문자의 매력입니다.

예를 들면 'dj'를 나타내는 글자 가 있는데, 이 글자를 연속해서 나열하면 마치 아와오도리(반원 형태의 삿갓을 쓰거나 부채를 들고 추는 일본의 전통 춤)를 보는 것 같습니다.

춤추는 바보에

바라보는 바보

똑같이 바보라면

춤추지 않는 게

손해야 손해

위의 글자를 읽으면 '자제자-즈조'입니다. 왠지 춤을 추고 있는 듯한 느낌이네요.

하지만 꼭 뭔가를 덧붙이는 규칙만 있는 건 아닙니다. 'ts'를 나타내어 마치 **화성인의 발**처럼 생긴 ⵝ를 예로 들어볼까요? 이 문자에서 오른쪽 발을 한발 앞으로 내밀어 ⵝ처럼 되면 '초'라는 음이 되고, 반대로 왼쪽 발을 내밀어 ⵝ처럼 되면 '차-'라는 음이 됩니다. 나열해 보면 이렇습니다.

ⵝ 살금
ⵝ 살금
ⵝ 살금
ⵝ 살금

마치 화성인이 **수수께끼의 발소리**를 내며 살금살금 다가오는 듯한 느낌이 듭니다. 게다가 가끔은 ⵝ 쉬익! 하고 발이 여러 개 늘어나기도 합니다!

여름방학 때 자유 과제로 '그으즈 문자 감자 도장'을 만들어보는 것도 재미있지 않을까요? 어차피 읽을 수 있는 사람도 없을 거니까 적당히 조각해도 아무도 모를 테니까요.

문자 메모

주요 사용 지역: 에티오피아
사용 언어: 암하라어

에티오피아 말이라고 하면 암하라어라고 생각하기 쉽지만 사실 에티오피아는 다민족 국가로 암하라인보다 오로모인이 더 많다. 알파벳의 조상인 페니키아 문자와 뿌리가 같다고 하는데 나중에 완전히 독자적으로 발전한 갈라파고스적인 문자이다.

그리스 문자

업무상 일본 나가타초에 있는 국립국회도서관에 자주 갑니다만 갈 때마다 마음이 찡하고 울립니다. 왜냐하면 입구로 들어가면 바로 앞 카운터에 "Η ΑΛΗΘΕΙΑ ΕΛΕΥΘΕΡΩΣΕΙ ΥΜΑΣ"라는 그리스어가 새겨져 있기 때문입니다. '진리가 너희를 자유롭게 하리라.'라는 의미로 요한복음서에 나오는 한 구절이라고 합니다.

'우와, 멋지다! 나도 진리를 추구하고 싶다!' 그런 생각을 하면서도 **카운터에서 시답잖은 만화책을 대출 받고 있는 저 자신을 보면 자살 충동이 일기도 합니다.** 진리는 그리 간단히 저를 자유롭게 해주지는 않는군요.

그건 그렇고 이 표어는 '헤 알레테이아 엘레우테로세이 휘마스'라고 읽습니다. 시험 삼아 그리스어를 전혀 읽지 못하는 사람에게 글자만 보고 떠오르는 영감으로만 읽어보라고 했더니 "하 호에이아 에아에이에포제이 이마즈"라고 읽더군요.

맞다고는 할 수 없지만 그래도 아예 틀렸다고도 할 수 없습니다. Λ (l)은 A, Θ (th)는 O로 읽어서 어찌어찌해서 읽을 수는 있다는 게 재미있습니다.

그리스 문자가 라틴 문자의 기초를 이루는 문자 중 하나이기 때문에 당연하다면 당연하겠지만, 어떤 의미에서 그리스 문자의 위대함을 나타내는 것이 있습니다. 그것은 바로 '모음을 표기하기로 했다'는 것입니다.

앞에서 아라비아 문자를 소개하면서 잠시 언급한 적이 있는데요, 고대 문자는 기본적으로 '자음'밖에 표기하지 않았습니다.

다시 말해 '다케시'든 '다카시'든 'TKS'로 표기한다는 것인데, 말하자면 **'호소카와 다카시의 콘서트에 갔더니 호소카와 다케시였다'** 는 비극이 발생하기 쉽다는 말이죠.

또 이츠키 히로시(ITKHRS)의 콘서트에 갔는데 이치키 히로시였다는 비극이 생길 수도 있습니다. 아, 이치키 히로시 씨는 실제로 활동하는 흉내 내기 전문 개그맨입니다.

하지만 각지에 극장을 세우는 등, 라이브 엔터테인먼트를 좋아했던 **그리스인들은 호소카와 다카시와 호소카와 다케시의 차이를 용납했을 리가 없었겠지요.**

실제로 그리스어에는 모음이 많아서(그렇다고 해도 영어만큼 많지는 않지만) 그걸 구별하지 않으면 여러모로 불편했을 겁니다. 그래서 자음 글자 사이에 모음 글자를 삽입해 TKS 대신 TAKASI 식으로 표기하게 된 것입니다. 이렇게 하면 뭐가 좋은가 하면 그 언어 자체를 몰라도 문자만 알면 읽을 수가 있다는 것입니다.

일본인이라면 사람 이름이 TKS라는 걸 보고 '아아, 뭐 다카시나 다케시쯤 되겠군.' 하고 상상할 수 있겠지만, 일본어를 모르는 사람은 '데케스'나 '다쿠시' 등 일본인 이름에는 없는 것으로 발음할 수도 있는 것입니다.

그렇지만 모음을 표기하면 그 말의 의미를 몰라도 글자 그대로 읽기만 하면 그럭저럭 비슷한 음을 낼 수 있습니다. 이것이야말로 그리스 문자의 위대한 '발견'입니다. 이 발견이 있었기 때문에 우리는 고대 그리스나 로마의 인명을 비교적 정확하게 발음할 수 있게 된 것입니다.

그렇지 않았다면 **플라톤을 마치 애니메이션 캐릭터명 같은 느낌이 드는 '팔루탄'**이라고 읽었을지도 모릅니다.

참고로 제가 가장 좋아하는 그리스 문자는 Ξ(크사이)입니다. 'ks'라는 두 개의 음을 나타내는 특이한 문자로 한자 '三' 자를 닮은 자극적인 모양이 특징입니다.

문자 메모

주요 사용 지역: 그리스
사용 언어: 그리스어

그리스 문자를 두고 흔히 주로 이과 계통 용어에나 쓰일 것 같다는 느낌을 받는다. 오랫동안 학문에서 중요한 역할을 해온 언어여서 그러한데, 학창 시절에 수학을 싫어해 $\sum$(시그마)나 $\prod$(파이) 등에 질색한 적이 있는 사람이라면 그리스어에 거부반응을 나타낼지도 모른다. 하지만 그거야말로 완전히 엉뚱한 불똥이 튄 격이다. 그리스인이 수학을 잘하는지 언젠가 물어보고 싶다.

모음에 변하는 괴음파

돌궐 문자

이번에 다룰 문자는 오르콘Orkhon 문자로, '돌궐 문자'라는 이름으로도 불리고 있습니다. 예각 모양에, 창을 들고 돌진하는 듯한 모습에서 지어진 이름일까요.

⬇ 는 모양만 봐도 창을 나타내는 글자이고, ⟨⟩ 는 방패 옆에서 창을 내밀고 있는 모양의 글자, 그리고 ⟩⟩ 는 **뭔지 모를 기괴한 음파**를 내며 적을 혼란시키는 모습을 그린 글자입니다. 아, 물론 정말로 그런 건 아닙니다. 만약 그렇다면 돌궐 문자가 아니라 **돌격 문자**가 되겠죠.

사실 돌궐이란 말은 옛 터키를 뜻합니다. 5세기 무렵부터 터키인들이 중앙아시아에서 사용하던 문자입니다. 터키인은 원래 현재의 중앙아시아에 살고 있었는데 이런저런 사정에 의해 페르시아, 아랍을 거쳐 지금의 터키 공화국이 있는 장소에까지 이동하게 된 것입니다. 그러다가 나중에는 일본에 케밥을 팔러 오기까지 합니다. 유목민이라는 말 그대로 그 이동 거리가 어마어마합니다.

그건 그렇고, 터키어에는 재미있는 특징이 하나 있습니다. 바로 '모음조화'입니다. 터키어에는 8개의 모음이 있는데 '전설모음'과 '후설모음' 두 그룹으로 나뉘어져 있습니다. 같은 단어 안에 다른 그룹의 모음은 절대 들어가지 않는다는 규칙이 있습니다.

정확하게는 e / i / ö / ü 4개의 전설모음과 a / ı / o / u 4개의 후

설모음으로 구분되어 있습니다. 예를 들면 a와 e는 각각 다른 그룹이기 때문에 '아베(abe)' 같은 단어는 존재할 수 없습니다. 그러니까 터키에서는 '**아베 수상 같은 건 있을 수 없다**'고 할 수 있겠네요. 다만 현실적으로는 외래어에 관해서 그렇게 엄밀하지는 않은 것 같습니다.

그런데 이 규칙이 터키인에게는 꽤 중요했던 모양입니다. 왜냐하면 돌궐 문자가 세계에서 유일하게(아마도) 이 모음조화를 반영한 문자이기 때문입니다. 돌궐 문자는 기본적으로 모음을 표기하지 않고 자음만 표기하지만, 두 그룹 중 어느 쪽의 모음이 오느냐에 따라 문자 그 자체가 변하는 시스템입니다.

예를 들어, 돌궐 문자에서 'b'를 나타내는 글자가 2개 있습니다. 그중에 ☥ 는 전설모음과, ∫ 는 후설모음과 어울릴 때를 나타냅니다. 다시 말해 'ba'일 때는 ∫ 를 쓰고 'be'일 때는 ☥ 를 쓴다는 말입니다.

음, 까다롭네요. 이런 식으로 t나 s나 g 등 여러 자음을 나타내는 글자가 2개씩 있다는 말인데, 문제는 그 각각이 아무리 봐도 서로 관련이 없다는 것입니다.

예를 들어 〕〔는 g의 후설모음이고 〔 는 전설모음입니다. 둘 다 똑같은 g이지만 아무런 관련성이 보이지 않습니다.

억지로 비슷한 점을 찾아보면 **송신탑에서 흘러나온 뭔지 모를 기괴한 음파에 사람들이 축 늘어져 있는** 이미지가 떠오르는 정도일까요? 그러고 보니 이 돌궐 문자에는 왠지 기괴한 음파를 내보내는 것 같은 글자가 많네요.

어쨌든 돌궐 문자는 이렇게 까다롭고도 멋지지만 터키인이 중앙아시아에서 중동으로 진출하게 되면서 점점 사라지게 되었고 아시다시피 현재 터키에서는 라틴 문자를 쓰고 있습니다. 터키어의 영혼은 모음조화라는 점을 이렇게나 고집한 문자이니, 부활시키려는 움직임이 일어난다면 재미있을 것 같습니다.

문자 메모

주요 사용 지역: 중앙아시아
사용 언어: 옛 투르크어

문자 형태가 어쩐지 유럽의 룬 문자를 닮았다고 해서 '투르크 룬 문자' 등으로 불리기도 한다. 양쪽 모두 근원을 거슬러 올라가면 페니키아 문자에 이르기 때문에 형제간이라고 할 수도 있다. 참고로 본문에서는 '터키'라고 썼지만 넓은 의미에서 터키계 민족을 '투르크'라고 부르기 때문에 정확히는 그렇게 말하는 것이 올바르다.

제5장
이러는 법이 있습니까...?

오감 문자

많은 건전한 청소년이 한 번쯤은 동경하는 상황 중에 '무인도에 이성과 단둘이 남는 것'이 있을 것입니다. 둘이서 힘들게 먹을거리를 찾아다니고 불을 지피기도 하다가 **결국에는 사랑의 감정이 생기는**, 말하자면 그런 상황이죠.

하지만 그다지 건전한 청소년이 아닌 저는 '펜도 종이도 없는데 글은 어떻게 쓰지?' 하는 생각이 먼저 들 것 같습니다.

참고할 만한 것은 로빈슨 크루소(정확하게 말하면 그 모델이 되었던 셀커크라는 인물)가 그랬던 것처럼 나무에 선을 새겨 넣는 방법이 있습니다. 그는 무인도에 표착하고 나서부터 지난 날의 수를 기록하기 위해 나이프로 나무에 선을 그려 넣었다고 합니다.

복잡한 문자라면 어렵겠지만 간단한 직선이라면 나이프나 날카로운 돌멩이 같은 걸로 쉽게 새길 수 있습니다. 그리고 이걸 개량하면 숫자뿐만 아니라 음도 표현할 수 있습니다. 으음, 만약 무인도에 표착하게 되면 이 방법으로 그날그날의 기록을 새겨 넣으면 되겠군요. 식량? 이성? 무슨 말인가요?

그런데 사실 그런 문자가 이미 1500년도 더 전에 개발되었습니다. 그게 바로 '오감Ogham 문자'입니다. 백문이 불여일견이니 일단 한번 보실까요?

이게 문자인가 싶은 생각이 들 수도 있겠지만, 아래에서부터 사선으로 그어진 선이 'm', 나란히 그어진 다섯 개의 막대가 'i', 오른쪽으로 튀어나와 있는 막대 네 개가 's', 막대가 하나면 'a'입니다. 이걸 읽으면 '미시마'가 됩니다.

다른 문자도 대충 이런 식으로 세로로 그어진 막대 하나에 가로 막대가 덧붙여지면서 읽는 법이 정해집니다.

정말로 나무에 새겨 넣은 것 같은 글자로 '로빈슨 크루소 문자'라고 불러도 될 것 같은 모양입니다.

이 오감 문자는 고대 아일랜드어인 게일어 등을 표기하기 위해 쓰인 문자로 4세기 무렵부터 사용되기 시작했다고 합니다. 주로 그 토지의 소유권을 나타내기 위해 쓰였던 모양으로 나무나 돌에 사람의 이름을 새겨 넣을 때 이 문자를 사용한 것입니다.

그래서 직선의 형태로 된 것 같지만, 사실 이것은 **개가 자기 영역을 표시하려 할 때 오줌을 싸는 행위**와 같습니다.

이 문자는 사실 또 하나의 특징이 있습니다. 아래에서 위로 세로쓰기를 하는 겁니다. 네, 그렇습니다. **아래에서 위로 글을 쓴다는** 말입니다.

저도 처음에는 눈을 의심했지만 '오감 문자 입문'이라는 영어로 된 매니아 사이트에도 "From bottom to top"이라고 실려 있었습니다. 밑바닥에서 꼭대기로… 그렇게 말하면 멋스럽기는 하지만, 냉정하게 생각하면 '어쩌다 이렇게 됐지?'라는 의문이 생깁니다.

밑에서 위로 선을 긋다니요. **여름방학 때 시골 할아버지 집에 놀러 가서 키가 컸다고 우쭐대는 꼬마 같은 느낌이네요.**

하긴 생각해 보면 수직으로 서 있는 나무나 돌에 선을 새겨 넣을 때 위에서 아래로 새기든 아래에서 위로 새기든 크게 다를 것도 없고 또 의외로 본인들은 불편하게 느끼지 않았는지도 모릅니다.

이 문자는 6세기 무렵이 되면서 서서히 라틴 문자로 대체되어 지금은 주술 등의 상징적인 용도로만 사용될 뿐입니다. 이렇게 보기 드문 형태와 표기법을 가진 문자인 만큼 참 아쉬운 마음이 듭니다.

그런데 이 오감 문자를 사용할 수 있는 경우가 하나 떠올랐습니다. 바로 '다잉 메시지'입니다. 추리 드라마 같은 걸 보면 피해자가 죽기 전에 피로 글자를 써서 범인의 이름을 남기는 경우가 있는데 바로 그겁니다.

모양이 단순하니까 **죽어가는 순간에도 쓰기 쉬울 뿐 아니라** 범인이 오감 문자를 알고 있을 리도 없을 테니까 들킬 염려도 없습니다. "오감 문자를 아는 형사도 없을 거잖아."라고 말하는 분도 계시겠지만 그건 그냥 무시하겠습니다.

다만 보시는 바와 같이 꽤 공간을 많이 차지하는 문자라는 게 문제입니다. 예를 들어 r을 쓰려면 가로 막대를 사선으로 다섯 개를 그어야 합니다. 만약 '리리코' 씨가 범인이라면 왼쪽 그림처럼 **쓰다가 힘이 다 빠져버릴** 위험이 있습니다.

하지만 그것도 미스터리가 주는 재미 중 하나죠. "범인 이름은 모, 히, 히, 케… 뭐야! 여기서 끊겼잖아. 모히히케가 누구야!" 이렇게 수수께끼가 수수께끼를 부르는 전개를 기대할 수도 있겠죠.

오감 문자를 읽을 수 있는 탐정, 그 이름도 '오감의 사건기록부'로 하면 어떨까요? 누가 한번 소설로 써보지 않으실래요?

문자 메모

주요 사용 지역: 고대 아일랜드 등
사용 언어: 고대~중세 게일계 언어

아래에서 위로 글을 쓴다니까 왠지 마술적인 언어 같은 느낌이 들지도 모르지만, 실제로 손으로 쓸 때는 가로쓰기인 경우도 많았다고 한다. 오히려 세상에는 정말로 아래에서 위로 쓰는 정식 문자가 있는데, 필리핀의 민도로섬에 지금까지 남아 있는 '하누누오 Hanunuo 문자'가 그것이다. 이 문자는 대나무에 쓰는 경우가 많았다고 하는데, 좁은 공간에 글을 쓰려면 아래에서 쓰는 것도 괜찮다고 생각하게 되나 보다.

타나 문자

이번에 소개할 문자는 **디베히어의 타나**Thaana **문자입니다. '…어느 나라 말이지?'**라고 생각하시겠지요?

디베히어는 최근에는 리조트로도 유명한 인도양의 섬나라 몰디브의 언어로 그 나라의 공용어이기도 합니다. 언어적으로는 인도계(인도 유럽어족)입니다만 아랍의 영향을 받았다는 것이 특징입니다. 몰디브 사람들도 대부분 이슬람교도입니다.

몰디브란 인도의 고전어 산스크리트어로 '섬들의 화환'이라는 뜻입니다. 이름 그대로 아름다운 섬으로 인도와 아랍이 뒤섞인 독특한 문화를 가진 사람들이 살고 있습니다. 그야말로 인도와 아랍에서 좋은 것들만 가져와서 만들어진 나라, 그것이 몰디브입니다.

일반적으로 우수한 문화는 문명의 교차점이라 불리는 곳에 태어난다고 말합니다. 몰디브는 거기에 더해서 문자까지도 양쪽 문명의 좋은 점만 뽑아내려고 생각했습니다. 무슨 말이냐 하면 아라비아 숫자의 1부터 9까지, 그리고 인도 숫자의 1부터 9까지의 문자에 각각 적당한 발음을 적용한 것입니다.

뭐? 그걸 가져온 거야? 그래도 돼!?

참고로 '아라비아 숫자'는 지금 일본에서 말하는 아라비아 숫자와는 조금 다른데 이렇게 씁니다.

١ ٢ ٣ ٤ ٥ ٦ ٧ ٨ ٩

그리고 이 아라비아 문자 1부터 9를 본떠서 만든 문자가 타나 문자입니다. 정말 많이 닮았네요.

／　⌒　⌒⌒　✕　ⵔ　ⵧ　Ⅴ　∧　ơ

읽는 방식은 예를 들어 '1'을 나타내는 ／ 가 'h'를, '2' ⌒ 는 'sh'를 나타내는 등 각 숫자에 적당한 음을 적용시키는 겁니다(뭔가 의미가 있을지도 모르겠습니다만).

그리고 아라비아어 1부터 9가 끝나면 아래와 같이 인도 숫자 (아라비아 숫자와 비슷하지만 조금 다릅니다)를 본떠서 만든 글자가 시작됩니다.

⌐　3　ਝ　⌐ਮ　ၔ　ს　⌐　Ⴀ　⌐　ح

즉, 1을 '아', 2는 '이'에 할당하는 식으로 '164543663'을 적어 '고맙습니다'를 표기하는 것과 같은 이치죠. **마치 암호 같군요.**

이건 제 추측입니다만, 문명의 교차점인 만큼 인도인과 아랍인 양쪽에게 "우와, 양쪽 문자가 다 멋진데!" 하고 아첨을 떨다가, 양쪽 모두에서 "그럼 우리 문자 쓸 거지?" 하고 압력을 받는 바람에 어쩔 수 없이 그렇게 된 건 아닐까요?

그래도 그렇게 '숫자'를 사용해 암호화할 수 있었던 덕분에 인도인도 아랍인도 읽지 못하는 문자가 탄생하게 됐습니다. 그래서 인도인에게든 아랍인에게든 제 맘대로 욕을 쓸 수 있게 되었을지도….

문명의 교차로에 위치했던 비애와 몰디브인의 반골 정신에서 태어난 문자. 제멋대로 추측해 본 거지만 그렇게 생각하니 꽤 의미심장한 문자이네요.

문자 메모

주요 사용 지역: 몰디브
사용 언어: 디베히어

타나 문자로 모음을 나타낼 때는 문자의 위아래에 부호를 붙여서 표현한다. 예를 들면 حروف 는 '디베히'(몰디브)라고 읽는데, 아래에 붙어 있는 선이 'i'를 나타내고, 한가운데에 있는 글자 위에 붙은 '<'는 'e'를 나타낸다. 이것은 아라비아 문자의 모음 표기 시스템과 비슷하다. 다만 아라비아 문자에서는 정식 문장에는 붙이지 않지만 타나 문자는 이것이 붙은 형태가 정식 문장이다.

타이 문자 2

1장(25쪽 참조)에서도 다룬 타이 문자에 대해 또 다른 이야기를 해볼까 합니다.

타이 문자는 생김새가 귀여운 것과는 딴판으로 그 구조에는 꽤 유별난 것이 많습니다. 유별나다기보다는 '어쩌다가 이렇게 됐지?' 하는 생각까지 들 때가 있는데, 한마디로 말해 '외우기 어렵다'는 겁니다. 어떨 때는 **악의가 느껴질 정도**입니다.

예를 들면, 하나의 소리를 나타내는 데 여러 개의 문자가 있는 겁니다.

1장에서 '동그라미가 너무 많은 거 아냐' 하고 문제를 제기하며 (쓸데없는 참견이겠지만) ฐ 글자를 예로 들었죠. ถ 과 ฐ 두 문자는 똑같이 'th' 음을 나타내는데, 숨을 강하게 내뱉으면서 발음하는 'ㅌ'의 소리를 표기하는 글자입니다. 어느 쪽을 쓸지는 단어에 따라 정해지기 때문에 외울 수밖에 없습니다. 마치 일본어에서 '타'라는 음을 한자로 적을 때 그때그때 의미에 따라 田와 多로 적는 것과 같습니다. 실수로 바꿔 쓰기라도 하면 곤란해지죠.

한편 태국어에서는 영단어 thought의 gh와 같이, 읽지 않는 문자(묵음)가 꽤 많습니다.

태국은 인도의 영향을 많이 받았지만 사실 인도 언어와 태국어는 그 계통이 완전히 다릅니다. 인도에서 유래한 단어는 발음은 태국어처럼 변화했지만 철자는 원래 그대로 남아 있는 바람에 음과 표기가 동떨어진 것이 많은 것 같습니다.

그중에는 이런 '묵시 부호'라고 하는 것이 있습니다.

이것은 '이 문자는 읽지 않아도 된다'라는 것을 나타내는 부호입니다. 쓰기만 하고 읽지 않아도 된다는 걸 표시하기 위한 글자를 쓰는 것을 보면서 **인류가 쓸데없는 행동의 극치에 도달했다**는 생각이 들기도 합니다.

그리고 자음은 '고자음, 중자음, 저자음' 세 그룹으로 분류되어 있습니다.

태국어는 흔히 말하는 '성조언어'입니다. 중국어를 배운 적이 있는 분이라면 잘 아시겠지만, 같은 '마'를 표현하는 음이라 해도 높은 톤이냐 낮은 톤이냐에 따라, 또는 도중에서 올리고 내리고에 따라 의미가 달라집니다.

태국어에는 5개의 성조가 있는데, '고자음과 어떤 부호와 만나면 어떤 성조가 된다'는 식의 독특한 규칙이 있습니다. 그뿐 아니라, 고자음이니까 높은 음이라고 생각하겠지만 고, 중, 저라는 이름이 실제 음의 높낮이와는 전혀 관계가 없는 흉악한 언어입니다.

그런 타이 문자이긴 하지만 그래도 한 가지 편리한 점이 있습니다. '파이안노이paiyannoi'라고 하는 생략 부호 ᴉ입니다. 이것은 긴 단어를 도중에서 생략한다는 것을 나타내는 글자입니다.

예를 들면, 태국의 수도 방콕의 정식 명칭은 '끄룽 텝 마하나콘 아몬 라따나꼬신…쌋카탓사카타띠야 윗사누깜 쁘라싯'이라고 하는 어지간히 긴 이름으로 유명한데요, 태국인들은 보통 '끄룽 텝'이라고 줄여서 부릅니다(방콕의 'ㅂ' 자도 안 들어 있네요).

이때 '끄룽 텝'을 나타내는 말은 아래와 같습니다.

กรุงเทพฯ

생략 부호가 마지막에 붙어 있는 걸 알 수 있습니다. 말하자면 '끄룽 텝(생략)'이라고 표기한 셈입니다. 태국 사람들은 묘한 데서 성실함을 드러내는군요.

일본어에서도 생략하는 경우가 많습니다. 예를 들어 밴드 그룹 '차게 앤드 아스카'를 '차게아스'라고 부르는 것이죠. 그런데 생각해 보면 이렇게 생략하는 건 왠지 무성의한 것 같네요.

앞으로는 이 타이 문자를 빌려서 '차게ฯ아스ฯ'라고 쓰는 건 어떨까요?

ฯ가 갑자기 뜻깊게 여겨지는 건 왜일까요?

소가 밭 가는 길을 따라

부스트로페돈

'부스트로페돈'이라는 말을 아십니까? 이 책에 소개되는 말이니 당연히 문자와 관련된 용어겠지요. 구체적으로는 '문자 읽는 법'에 관한 규칙입니다.

문자를 읽는 법에는 크게 세 가지가 있습니다. '왼쪽에서 오른쪽으로 읽기→', '오른쪽에서 왼쪽으로 읽기←', '위에서 아래로 읽기↓' 이렇게 셋으로 분류됩니다.

왼쪽에서 오른쪽으로 읽기는 흔히 말하는 라틴 문자를 읽는 순이고, 반대로 오른쪽에서 왼쪽으로 읽는 것은 아라비아 문자 등의 경우를 말합니다. 위에서 아래로 읽는 것은 일본어나 몽골 문자가 그렇습니다.

더 넓은 세계로 나가면 오감 문자(90쪽 참조)라고 해서 **아래에서 위로 읽는' 최고로 괴짜 같은 문자**도 있지만, 이런 소수 문자를 제외하면 대부분의 문자는 앞에서 말한 세 가지 읽는 법 중 한 가지에 해당됩니다.

그런데 고대 그리스에는 문자를 읽는 독특한 법이 있었습니다. 그게 바로 '부스트로페돈boustrophedon'인데요, 그리스어로 '소가 경작하는 듯이'라는 의미입니다. 일본어로는 '우경식'으로 번역합니다.

'우경牛耕'이란 무거운 농기구를 매단 소를 하루 종일 걷게 하면서 밭을 가는 농사일을 말합니다. 음, 그러고 보니 **이것도 엄연한 동**

물 학대군요.

소의 권리 문제는 일단 그렇다 치고, 밭을 한쪽 끝에서 끝까지 갈고 난 소는 이번에는 방향을 바꿔서 다시 온 길을 되돌아가야 합니다.

즉, 우경식으로 읽는다는 말은 문자를 그렇게 읽는다는 의미로, 구체적으로 예를 들면 이런 겁니다.

어떤 그룹이 해산한다는 소문에 난리법석이 났는

로기하산해 가다쳤뭉 시다 번한 국결 데,

이렇게 한 줄을 왼쪽에서 오른쪽으로 읽고, 그 줄을 다 읽고 나면 소가 멋지게 몸을 돌려 다음 줄은 오른쪽에서 왼쪽으로 읽는다는 것입니다. 이걸 응용하면 이렇게도 될 수 있겠네요.

소가 불고기를 먹고 있
호애물동 고보 을경광 는
협 .
회다
가했
격노

첫 번째 줄은 왼쪽에서 오른쪽으로, 두 번째 줄은 오른쪽에서 왼쪽으로, 그 다음은 위에서 아래로 읽다가 마지막에는 아래에서 위로 읽어 올라가는 겁니다. 추리 소설의 트릭에 사용할 수 있을 것도 같네요.

현대인은 글자를 한 자 한 구로 읽기보다는 말의 단위로 하나의 뭉뚱그려진 요소로서 읽습니다. 그에 비해 문자에 아직 익숙하지 않은 사람은 글자를 발음으로 번역하고 그 다음에 의미를 해석합니다.

우리는 'SMAP'라고 쓰인 말을 보는 순간 '아, 그 해산한 아이돌 그룹 말이구나.' 하고 그 이미지를 떠올리겠지만, 고대 사람들은 '스, 마, 프…, 아, 도중에 한 명이 오토바이 레이서가 되겠다고 탈퇴한 그룹이군.' 하고 일단 글자를 발음으로 바꾸고 나서 그 다음에 의미를 인식했을 것입니다.

그런 의미에서 보면 이 우경식이라는 방법이 효율적이었는지도 모릅니다.

사실 고대 그리스뿐만 아니라 몇몇 고대 문자에는 이렇게 읽는 법이 있다는 게 확인되었습니다. 참고로 여기에 소개한 예문은 특별히 다른 의미가 없다는 것을 덧붙입니다.

문자 메모

주요 사용 지역: 고대 크레타 섬, 고대 그리스 본토
사용 언어: 고대 그리스어

고대 그리스 문자로 유명한 것이 '선문자 B(Linear B)'이다. 참 멋없는 이름이지만 문자의 이름을 모르기 때문에 어쩔 수가 없다. 오랫동안 수수께끼의 문자였는데, 영국인 마이클 벤트리스가 '고대 그리스어를 나타낸 음절문자'라는 것을 밝혀냈다. 선문자 A도 있냐고 묻는다면 답은 '있다'다. 하지만 아직 해독되지 않았다.

자바 문자

가끔 영어로 쓰인 언어 계통의 문장을 읽다 보면 'Javanese'라는 말이 나와서 깜짝 놀랄 때가 있습니다. '재패니즈'가 아닌 '자바니즈'로, 인도네시아의 자바인과 자바어를 뜻하는 말입니다. 'Japanese'와는 딱 한 자가 다릅니다.

그런데 이렇게 단어가 서로 비슷하면 이런저런 문제가 생길 것 같네요. 예를 들어 **'일본 카레'를 주문했는데 '자바 카레**(일본의 유명 카레 브랜드명)**'가 나온다거나**…. 뭐 어느 쪽이든 괜찮긴 합니다만.

그건 그렇고, 자바어는 인도네시아의 자바섬에서 사용되는 말로 사용 인구가 7천만 명이 넘는 큰 언어입니다.

인도네시아의 공용어는 인도네시아어이긴 하지만 그것은 그 지역의 공통어로 만들어진 것으로, 실제로는 자바어를 모어로 사용하는 인구가 압도적으로 많습니다. 인도네시아어와 자바어는 계통이 같기 때문에 비슷하기는 하지만 별개 언어입니다.

인도네시아어를 표기할 때는 라틴 문자를 사용합니다. 지금은 자바어를 표기할 때도 일반적으로는 라틴 문자를 사용하지만, 원래 고유의 문자가 있습니다. 그게 바로 자바 문자입니다.

인도계 문자에 속하는 문자로 글자의 유려함이 특히 돋보이는데 이런 느낌입니다.

이 문자가 유려한 데는 이유가 있습니다. 이 문자의 초기 형태는 시인의 문자라고 하는 카위Kawi 문자로 불렸는데, 그야말로 화려한 자바 궁정 문화를 상징하는 듯한 문자입니다. 이 문자로 수많은 문학이 탄생된 것입니다.

그런 자바 문자의 특징을 한마디로 말하면, **멋진 산과 골짜기가 느껴진다**고 할 수 있을까요? 예를 들어 'h(정확히는 ha)'를 나타내는 문자는 로, 산 세 개와 골짜기 두 개가 문자 하나 안에 들어 있습니다. 대체 얼마나 험악한 산악 지대인 걸까요. 'k'를 나타내는 문자의 경우는 처럼 지형이 더 복잡해지면서 가운데 산기슭에는 동굴 같은 것도 보입니다.

자바어는 경어가 대단히 발달한 언어로 알려져 있습니다. '세계에서 가장 경어가 복잡한 언어는 자바어 또는 일본어'라는 말이 있을 정도입니다. 그래도 자바어 쪽이 한 수 위라고 할 수 있을 겁니다. 왜냐하면 어쨌든 그것이 문자에까지 반영되어 있으니까요.

모든 문자에 해당되는 건 아니지만, 자바 문자에는 위인들의 이름 등을 쓸 때 특유의 문자가 사용됩니다. 예를 들어 는 'c'을 나타내는 문자인데 만약 'ch' 발음으로 시작되는 위인의 이름을 표기할 경우는 라는 문자가 사용됩니다.

전체적으로 **지형을 더 험하게 만드는 것**이 경의를 표하는 것 같기도 합니다.

자바 문자는 문자의 장식적인 요소도 굉장합니다. 가장 두드러진 예로 '제목을 쓸 때 앞뒤에 붙이는 글자'가 있습니다. 예를 들어 책이나 기사 제목 등에 사용되는 것으로 아래의 글자가 그것입니다.

꽃무릇(석산화) 꽃처럼 보이기도 하는 작은 불꽃같이 생긴 부분인데, 이것이 제목을 나타내는 글자입니다. 이런 글자가 있다면 제목을 어설프게 짓지도 못할 것 같군요. 제 본업은 경영 서적이나 비즈니스 잡지 편집자인데, 제가 주로 짓는 제목들은 이런 것들입니다.

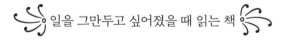 일을 그만두고 싶어졌을 때 읽는 책

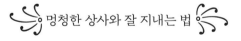 멍청한 상사와 잘 지내는 법

음…. "이런 싸구려 같은 제목을 지어서 죄송합니다." 하고 **자바 문자 앞에 무릎을 꿇고** 싶어지네요.

이 글자는 인도네시아가 네덜란드의 지배를 받던 시절에 들어와서 19세기 이후로는 그다지 사용하지 않게 되었지만, 지금도 가끔 자바섬 거리를 걷다 보면 눈에 띌 때가 있습니다. 유별스럽다

싶을 정도로 유려한 이 꽃무늬 글자가 될 수 있으면 꼭 부활했으
면 좋겠군요.

문자 메모

주요 사용 지역:
인도네시아 자바섬

사용 언어:
자바어

인도계 문자이기 때문에 자음만이라면 '아'를
붙여서 읽는다거나 모음을 나타내는 부호가
상하좌우에 붙는다거나 하는 규칙은 동일하
다. 다만 원래 인도계 문자에서는 단순한 선이
었던 것이 획 구부러져서 유려한 선으로 변한
것이다. 참고로 자위Jawi 문자라는 것도 있는
데, 이것은 자바어를 기록하기 위해 개량된 아
라비아 문자를 말한다. 꽤 복잡하다.

제6장
뭔가를 닮았다, 뭔가를...

시력검사 지옥

미얀마 문자

최근에 미얀마가 꽤 붐이었습니다. 인구가 많고 국민 성향이 온후하며 지적 수준이 높고 천연자원도 풍부합니다. 게다가 외국 자본이 그다지 유입되지 않아서 잠재된 비즈니스 기회가 무한합니다. 그야말로 아시아의 프론티어, 그곳이 미얀마라고 할 수 있습니다.

그렇지만 여기서는 그런 비즈니스 기회를 무시하고 미얀마 문자를 다뤄보려고 합니다.

미얀마 문자는 일부 호사가들(있기는 할까요?) 사이에서는 **'시력검사 문자'**라고 불립니다. 왜냐하면 시력검사할 때 볼 수 있는 '란돌트 고리'가 미얀마 문자에 전부 들어 있으니까요.

 왼쪽이 뚫려 있으면 숫자 1('띳'이라고 읽는다)

 위가 뚫려 있으면 'p'(파)

 오른쪽이 뚫려 영어의 C와 비슷하지만 'ng'(응가)

 아래가 뚫려 있으면 'g'(가)

이런 모양입니다.

이걸 보면 별것도 아닌 시력검사표가 미얀마 사람에게는 뭔가 특별한 의미로 읽힐 것 같기도 합니다. 'ㅇㄷㅇ…p·ng·1…파·응가·1…빵가1…빵家의 넘버원, 범인은 저 빵집 주인!?' 식의 시력검사 트릭이 어쩌면 미얀마의 미스터리 문학에서는 단골 소재일지도 모르겠네요.

이 란돌트 고리가 쭉 이어진 것 같은 글자도 많습니다. 아래의 문장을 보면 알겠지만, 마치 끝도 없이 시력검사를 하고 있는 것 같은 기분입니다. 그야말로 시력검사 지옥이네요.

ပြည်ထောင်စု သမ္မတ မြန်မာနိုင်ငံတော်

"어느 쪽이 뚫려 있습니까?"

"오른쪽, 왼쪽… 으윽, 못 하겠다."

"아직 멀었습니다. 다음은 이것!"

"아, 아래쪽…."

그런데 'O'처럼 생긴 글자까지 있습니다.

"아니, 이건 아무데도 안 뚫렸잖아!? 어, 어떻게 답해야…."

"흐흐, 자, 어떻게 하시겠습니까?"

그건 그렇고, 미얀마 문자의 특징이 단순히 시력검사 부호를 닮은 것만은 아닙니다.

밀면 데굴데굴 굴러갈 것처럼 생긴 이 문자에는 재미있게도 가끔 투박한 상자가 붙습니다. 문자를 빙 둘러싸고 있는 것처럼 생긴 몇몇 글자가 있습니다. 예를 들면 이런 것들이죠.

　동글동글 귀여운 글자. 밀면 끝도 없이 굴러갈 것만 같지만, 이 상자처럼 생긴 글자가 붙어 있으니 굴러가지 못하게 막고 있는 것처럼도 보입니다.

　10년쯤 전에 미얀마에 간 적이 있습니다. 군사 독재 정권이 집권했을 때도 더할 나위 없이 느긋한 분위기가 감도는 묘한 나라였습니다.

　동글동글한 문자와 그것을 저지하려는 네모난 상자. 그 묘한 균형이 독재와 느긋함이 공존하는 미얀마의 이미지와 살짝 겹치는 듯합니다.

　미얀마로서는 경제가 발전하는 편이 좋겠지만, 묘하게 느슨한 그 시간을 잃게 된다면 조금은 아쉬울 것 같네요.

문자 메모

주요 사용 지역: 미얀마
사용 언어: 미얀마어

미얀마어는 흔히 말하는 '성조언어'로 같은 음이라도 높낮이에 따라 의미가 달라진다. 미얀마 문자는 성조를 분명히 나타낼 수 있는데, 그 성조를 표시하는 문자 역시 동글동글하게 생긴 바람에 전체적으로 둥근 느낌이 더 강해진다. 이렇게 둥글게 된 이유는 싱할라 문자와 마찬가지로 야자나무 잎에 쓰였기 때문이라고 한다.

시리아 문자

세계사를 전공한 사람이라면 아시리아어나 아람어 같은 언어를 어렴풋이 기억하고 있을지도 모릅니다. 양쪽 다 고대 중동에서 사용된 언어로 특히 아람어는 예수 그리스도가 사용한 언어라고 해서 일부 호사가들 사이에서는 나름대로 알려진 언어입니다.

완전히 고대의 언어인 줄로만 알았는데 이들 언어가 사실 아직도 시리아나 레바논 근처에 살짝 남아 있다는 것을 알고 깜짝 놀랐습니다.

"멸종된 줄 알았는데 지금도 남아 있는 고대 물고기 실러캔스 같은 거야?" 하고 나도 모르게 쏘아붙이긴 했지만, 그거야 단지 제가 모르고 있었을 뿐 그 지역에 쭉 존재하고 있었던 문자이니까 정말 실례되는 말이었네요.

그뿐 아니라 그들이 지금도 시리아 문자를 사용하고 있다는 말을 듣고 나는 무척 흥분했습니다. 시리아 문자라면 기원후부터 1천 년 정도 그 지역 주변에서 널리 사용된 문자인데 이런 형태를 하고 있습니다.

이 글자는 '아시리아어'라는 의미입니다. 고대 언어 느낌이 물씬 풍기는 문자로 "넌 역시 실러캔스같이 살아 있는 화석이구나!"라는 말이 나올 만큼 멋진 형태입니다.

이 문자는 오른쪽에서 왼쪽으로 쓰는데, 기본적으로는 모음을 표기하지 않는 시스템으로, 현재 남아 있는 언어를 예로 들면 아라비아어와 같습니다. 그도 그럴 것이 사실 아라비아어와 뿌리가 같은 언어의 한 종류로, 예를 들어서 '시리아어'를 뜻하는 같은 단어를 보면 가운데의 쭉 늘려놓은 부분에서 **아라비아 문자의 느낌**이 전해지는 것 같습니다.

이 문자는 전체적으로 바닥에서 꿈틀꿈틀하고 있는 듯한 느낌이 드는데, 가끔씩 펀치를 날리듯이 위로 쭉 뻗은 모양의 글자가 나타나니까 방심할 수 없습니다.

예를 들면 (l)이나 (a) 혹은 (t) 같은 글자가 있습니다. 특히 글자에서 오른쪽 위에 뻗어 올라간 부분은 **삐죽이 솟은 남자 리젠트 헤어스타일**처럼 보이기도 합니다.

그래서 그런지 조금 전에 보여드린 같은 단어는 볼 때마다 **키 작은 불량배가 "뭐야?" 하고 밑에서 째려보는 듯한** 느낌이 듭니다.

일본인의 눈으로는 이상한 형태가 많은 문자처럼 보이지만, 아라비아 문자 등을 안다면 '아아, 그 문자와 닮았구나.' 싶은 것도 꽤 보입니다.

예를 들면 라는 글자가 있습니다. 'g'를 나타내는데 아마 그리스 문자 γ(감마)와 그 뿌리가 같고 방향만 살짝 다른 것 같습니다.

이렇게 찬찬히 보면 닮은 글자가 있는데, 그걸 발견하는 것이 고대 문자를 읽는 재미이기도 합니다. 혹시라도 찾으면 주의 깊게 살펴보세요.

물론 말처럼 그리 쉽게 발견할 수 있는 것도 아니고, 발견한다 한들 시리아는 지금도 혼란이 계속되고 있어 고대 문자를 보며 감탄하고 있을 처지는 아니겠지요.

어쨌든 어서 시리아에 평화가 찾아와서 그들의 문자를 쉽게 접할 수 있는 날이 빨리 오기를 바랍니다.

문자 메모

주요 사용 지역: 시리아, 인도 일부
사용 언어: 시리아어, 아람어

문자의 첫 부분, 가운데, 마지막 부분의 문자 형태가 다르다는 점, 원칙적으로 자음만 표기한다는 점에서 아라비아 문자와 동일하다. 참고로 인도 남부의 케랄라주, 말라바르 해안가에 사는 성 토마스 교회의 기독교인들은 지금도 이 시리아 문자를 사용하고 있다고 한다. 그래서 꼭 시리아에 가지 않더라도 볼 수 있다.

빗물을 남김없이 모은다
아르메니아 문자

흑해와 카스피해 사이 캅카스 지방에 있는 '아르메니아'라는 나라를 처음으로 의식하게 된 것은 예루살렘에 갔을 때였습니다. 성벽으로 둘러싸인 예루살렘의 구시가는 유대교 지구, 이슬람교 지구, 기독교 지구 그리고 아르메니아 지구로 구분되어 있습니다. 구시가는 중세의 느낌이 그대로 남아 있는 분위기로 미로처럼 길이 구불구불합니다. 길을 헤매다 보면 갑자기 생판 처음 보는 문자가 쭉 이어진 곳이 나오는데 그곳이 바로 아르메니아인들의 거리였습니다.

'왜 이런 곳에 아르메니아인이 살지?' 하고 잠깐 의문이 들었지만 생각해 보면 아르메니아인은 오랜 역사를 가진 민족이면서 또한 기독교도들입니다. 게다가 직선거리로 따지면 예루살렘과 의외로 가깝습니다. 그런 이유로 기독교의 성지인 예루살렘에는 아주 오래전부터 아르메니아인들이 많이 살고 있었던 모양입니다.

그들이 사용하는 아르메니아 문자는 5세기에 메스로프 마슈토츠Mesrop Mashtots라는 기독교 선교사가 그리스 문자를 기초로 해서 만들었다고 합니다. 이런 느낌입니다.

Հայերենի այբուբեն

'읽을 수 있을 것 같은데 이상하게 못 읽겠네.' 아마 많은 분들이 이

114

런 생각을 하지 않을까요? 전체적으로 글꼴도 라틴 문자를 닮았고 글자 형태도 비슷해 보이는 게 많은데도 하나하나 보면 읽을 수가 없습니다.

ŋ 이나 p 같은 문자는 마치 다른 그림 찾기라도 하는 것 같습니다.

u 나 g 나 ɯ 나 ŋ 같은 경우는 작정이라도 한 듯 비슷한 모양을 하고 있지만 완전히 다른 글자입니다.

u 는 's', g 는 'ts', ɯ 는 'a', ŋ 는 'o'입니다. 그러니까 'gun'이라고 쓰고 '츠스오'라고 읽는다는 것이죠.

그런가 하면 h는 라틴 문자와 똑같이 h라고 읽게 하는 **교묘한 트릭**을 쓰고 있어 마음을 놓을 수가 없습니다. 하지만 읽는 법만 익히면 규칙은 라틴 문자와 같기 때문에 비교적 읽기 쉬운 문자라고 할 수 있습니다.

그리고 또 하나, '왠지 u처럼 생긴 문자가 많은데?'라는 생각이 들지 않았나요?

그도 그럴 것이 알파벳과 똑같이 생긴 'u'라는 글자 외에도 ƕ, Կ, մ, ꟹ, ɯn 등 그와 비슷하게 생긴 글자가 여럿 있습니다. 이것은 아르메니아 문자의 특징 중 하나입니다. 'a'를 나타내는 글자 ɯ 의 출현 빈도가 높기 때문에 전체적으로 'u'가 많이 보이는 느낌이 드는 것입니다.

비유를 하자면, 워드로 입력하다가 잠이 쏟아져 깜빡 졸고 있는 사이에 **키보드 'u'를 계속 누르고 있는 느낌**이라고 할까요. 'cute'라고 쓰려다가 그만 이렇게 되는 거죠.

cuute

그런데 왜 마슈토츠 씨는 이런 형태의 문자를 만들었을까요?

저는 '빗물을 모으고 싶었기 때문에'라는 설을 주장하고 싶습니다.

𐌵 나 ɰ 같은 글자는 위에서 떨어지는 물을 효과적으로 모아 두기에 안성맞춤인 것 같지 않나요? 또 그렇게 보면, հ 나 ҍ 같은 글자는 길 위에 놓아두고 빗물을 모아 두었다가 나중에 시민들이 자유롭게 물을 퍼 갈 수 있도록 세워 놓은 '무료 빗물 스탠드'처럼 보이기도 하고, ʊ 는 **갈고리 부분을 창문에 걸어두고 빗물을 모으는 장치** 같지 않나요?

그 나라의 문화는 문자에 반영된다, 아르메니아 문자가 새삼 그 사실을 가르쳐줍니다. 아르메니아는 사막의 나라도 아니고 오히려 수자원이 풍부한 것 같습니다. 응?

문자 메모

주요 사용 지역: 아르메니아, 이스라엘, 터키 등 아르메니아인 거주 지역

사용 언어: 아르메니아어

아르메니아인들은 이스라엘뿐 아니라 전 세계에 걸쳐 거주하고 있다. 아르메니아 본국에서 사용되는 언어는 동아르메니아어이고 그 밖의 지역에서 사용되는 것은 서아르메니아어인데 서로 약간 차이가 있다.

구르무키 문자

인도인이라고 하면 **터번을 두르고 탤와르라는 인도식 사브르를 휘두르고 이름은 '싱'이라는 이미지**를 떠올리는 사람이 아직도 많은 모양입니다. 그 이유는 아무리 생각해도 한때 시대를 풍미한 악역 프로레슬러 타이거 제트 싱의 영향이라고밖에 생각할 수 없습니다.

요즘 젊은 사람들은 모르겠지만, 타이거 제트 싱은 어느 세대이전의 사람이라면 대부분 알고 있는 유명한 인물로 제 학생 시절에는 그의 이름을 따서 개그 소재로 삼는 일이 친구들 사이에 유행했을 정도입니다.

그런데 실제로 인도에 가서 보니 물론 지역에 따라 다르겠지만터번을 두른 사람은 아주 적고 **사브르를 휘두르는 사람은 정말 드물었습니다.**

사실 터번을 두른 사람들의 대부분은 인도인 중에서도 시크교도들입니다. 시크교는 인도 북서부의 펀자브 지방에서 16세기에 구루 나나크에 의해 창시된 종교입니다. 이 종교는 머리카락과수염 깎는 것을 금지하였는데 그래서 터번을 두르게 되었다고 합니다. 참고로 '구루'란 지도자를 뜻하는 말입니다.

시크교는 힌두교도 아니고 이슬람교도 아닌 새로운 종교였던만큼, 다양한 근대적 개혁을 이뤄냈습니다. 그중 하나가 바로 문자 개혁입니다.

당시의 펀자브 지방에서는 란다Lahnda 문자라는 것이 사용되었는데, 2대째 구루 앙가드가 자신들이 쓰는 문자가 읽기 어렵다고 생각해 기존의 문자를 개량해 만든 문자입니다.

기본은 인도계 문자이지만 누구나 알기 쉬운 글자로 만들겠다는 생각으로 기하학적으로 간략하게 만든 것이 특징입니다. 이런 느낌입니다.

ਗੁਰਮੁਖੀ ਲਿਪੀ ਜਾਂ ਪੈਂਤੀ ਅੱਖਰੀ ਇੱਕ ਲਿਪੀ ਹੈ ਜਿਸ ਵਿੱਚ ਪੰਜਾਬੀ ਭਾਸ਼ਾ ਲਿਖੀ ਜਾਂਦੀ ਹੈ। ਸ਼ਬਦ "ਗੁਰਮੁਖੀ" ਦਾ ਸ਼ਾਬਦਿਕ ਅਰਥ ਹੈ ਗੁਰੂਆਂ ਦੇ ਮੂੰਹੋਂ ਨਿੱਕਲੀ ਹੋਈ। ਇਸ ਲਿਪੀ ਵਿੱਚ 10 ਸੁਰ /ਅ,ਆ,ਇ,ਈ,ਉ,ਊ,ਏ,ਐ,ਓ,ਔ/ ਤਿੰਨ ਸੁਰ-ਵਾਹਕ (ੳ,ਅ,ੲ) ਅਤੇ 29 ਵਿਅੰਜਨ ਹਨ।/

대부분의 사람들은 **다른 인도계 문자와 구별하기 어려울지도 모릅니다**. 하지만 그런 말을 들으면 구루가 화를 낼지도 모릅니다.

"구루, 그렇게 읽기 쉽지도 않은데요."

"뭐라고? 흥!"

그러면 얼핏 보기에 다른 인도계 문자와 잘 구별이 안 되는 구르무키Gurmukhi 문자를 찾아내는 법을 알려드리겠습니다. 키워드는 **'우주'**입니다.

예를 들어 이 글자를 한번 볼까요?

그렇습니다. 일본 인형 뽑기 기계의 대명사인 'UFO 캐처'의 집게와 꼭 닮았네요. 이 글자는 'n'을 나타냅니다.

ㅁ

'1'인 이 글자는 개량형 UFO 캐처쯤 되겠군요. 집게가 매달린 부분이 튼튼해 보여서 커다란 곰인형도 문제없이 들어 올릴 수 있을 것 같습니다. '**그런데 지금 인형 뽑기 집게를 두고 우주를 운운하고 있다는 건 아니겠지?**' 하고 지당한 의문을 품는 분이 계실지도 모르겠습니다만, 그럼 이 글자를 한번 볼까요?

ㅎ

이건 아무리 봐도 UFO 캐처에서 **괴상한 광선이 뿜어져 나오는 것** 같습니다. 아니, '**캐틀 뮤틸레이션**'이라는 생각밖에 들지 않습니다. 잘 모르시는 분들을 위해 잠깐 설명하자면, 캐틀 뮤틸레이션cattle mutilation이란 UFO가 괴상한 광선을 쏘아서 소 같은 가축을 띄워 올려 납치하고는 장기를 해부한다는 것인데, TV에서 세계의 불가사의를 소개하는 프로그램에서 종종 볼 수 있습니다.

이 글자 아래에 히에로글리프의 '소'를 뜻하는 글자로 만들어진 그리스 문자인 알파를 붙이면 이렇게 되겠지요.

이렇게 보니 정말로 UFO가 소를 노리고 괴상한 광선을 발사하고 있는 것처럼 보입니다. 어쨌든 500년 전에 만들어졌는데도 불구하고 문자에서 우주가 느껴집니다. 그러고 보면 문자는 세련될수록 **우주와 가까워지는** 건지도 모르겠네요.

문자 메모

주요 사용 지역: 인도 펀자브주
사용 언어: 펀자브어

펀자브라는 지역은 인도와 파키스탄 사이에 걸쳐 있어 민족적으로도 언어적으로도 거의 같지만, 파키스탄에 속하는 곳에선 아라비아 문자를 사용하고 인도에 속하는 곳에선 구르무키 문자를 사용한다. 참고로 파키스탄Pakistan의 'P'는 펀자브Punjab의 P이다.

소욤보 문자

1장에서 **"우와! 이런 네모난 글자가!"** 하고 서양의 유명인들 사이에서 화제를 불러일으킨 파스파 문자를 소개했습니다(29쪽 참조). 참고로 이 문자는 한글의 모델이 되었다는 설도 있는데, 사각형 모양 때문인지 몽골에서는 얼마 후에 쓰지 않게 되었습니다.

그러다가 **문자가 없는 황량한 시대**를 바꾸기 위해 세기말(17세기입니다만)에 나타난 구세주가 바로 '소욤보Soyombo 문자'입니다.

이 문자를 개발한 것은 몽골의 승려이자 학자인 보그드 자나바자르Bogd Zanabazar입니다. 소욤보 문자는 주로 산스크리트어나 티베트 불교 경전을 번역하는 용도로 쓰였습니다.

종래의 몽골 문자나 파스파 문자와도 다른 이 문자는 불교의 발상지인 인도의 데바나가리 문자를 기초로 하여 만들어졌으며 문자 형태도 확실히 그것을 모방했습니다.

그렇지만 파스파 문자의 영향은 분명히 몽골에 남아 있었던 것 같습니다. 왜냐하면 무엇보다도 소욤보 문자 역시 네모난 모양을 하고 있기 때문입니다.

ཊྲ ཕ ཟ

어떤가요? 어느 글자를 봐도 알파벳 L을 뒤집어 놓은 듯한 꺾쇠 모양이 붙어 있는데 그것이 왠지 모르게 파스파 문자를 연상시키지 않나요? 참고로 위 문구의 뒷 네 글자는 '자나바자르'라고 읽습니다.

그런데 평평해서 더더욱 사각형의 느낌이 들었던 파스파 문자에 비하면, L 자를 뒤집어 놓은 모양의 소욤보 문자는 비교적 말쑥한 분위기가 납니다.

그런데 L을 뒤집어 놓으니 전체적으로 **'전등이 매달려 있는 듯한 느낌'**이 들기도 합니다.

예를 들면 이런 느낌입니다.

 매달린 램프 ('ta'를 나타내는 문자)

매달린 옷걸이 (ya)

매달린 모기향 (nya)

또 아래의 글자 같은 경우는 밤에 전등불 가까이 모여드는 벌레들처럼 보이기도 합니다.

앗, 모기가 많아졌습니다.

부웅! 모기향으로 격퇴한다!

으윽! 도망쳐!

휘잉.

쇼는 이 정도로 하겠습니다. 그런데 소욤보란 말은 산스크리트어로 '스스로 태어난 성스러운 문자'라는 의미라고 합니다.

자기가 직접 깎은 나무칼을 보며 '**내가 탄생시킨 성스러운 검**'이라고 말하는 중학생의 비대한 자아가 느껴지기도 합니다만, 이 문자를 만든 자나바자르는 "어느 날 하늘에서 갑자기 이 문자가 나타났다!"라고 말했다고 합니다. 어느 쪽이든 자나바자르는 **정말로 중2병이었는지도 모릅니다.**

그건 그렇고 어쨌든 이 문자는 결국 몽골 국기에까지 사용되었습니다. 자나바자르 씨도 무척 만족하지 않았을까요?

문자 메모

주요 사용 지역: 몽골
사용 언어: 몽골어

이런 우여곡절을 겪었지만 결국 몽골인은 위구르 문자를 개량한 문자를 몽골 문자로 사용했다. 위구르 문자는 멋진 세로쓰기 문자였는데, 몽골 정부는 소련의 영향을 받아, 이 문자를 변형한 키릴 문자를 차용하기로 결정했다. 현재도 키릴 문자가 중심이지만 몽골 문자를 부흥하자는 움직임도 있다고 한다.

제7장
문자로 놀아라!

룬 문자

문자에 관한 책이지만 잠시 게임 이야기를 좀 하겠습니다.

초등학생 시절 제 꿈이 '게임 속에 들어가서 공주 구출하기'였을 만큼 게임을 좋아했던 저는 그 후로 30년 가까이 천문학적인 시간을 게임에 쏟아 부었습니다. 그 시간을 다른 곳에 썼더라면 아마 **올림픽에 나갈 수도** 있었을 겁니다.

물론 요즘은 게임하는 시간이 줄었지만 가끔씩 최근에 나온 게임을 하고 있으면 '왜 이렇게 친절하지?' 하는 생각이 듭니다. 요즘은 매뉴얼을 보지 않아도 게임 안에서 조작법을 차근차근 가르쳐줍니다. 어쩌다 실수를 해도 금세 회복됩니다. 스트레스 없이 쑥쑥 진행할 수 있도록 게임 밸런스가 잘 잡혀 있습니다. 그야말로 구석구석 배려해 주는 느낌입니다.

예전에는 게임이 과격했습니다. 시작한 지 5초 만에 게임 오버가 될 때도 있고 매뉴얼이 없으면 한 발짝도 떼지 못하는 경우가 다반사였습니다. 그중에서도 〈울티마 V〉라는 컴퓨터 게임이 특히 인상적이었습니다.

흔히 말하는 롤플레잉 게임(RPG)으로 분명 걸작이었지만 그 조작법이 어마어마하게 복잡합니다.

키보드에 배정된 몇 종류나 되는 명령어를 외우지 않으면 문도 열지 못하고 계단도 내려가지 못합니다. 남과 대화할 때는 내가 묻고 싶은 것을 키보드로 일일이 치지 않으면 대답해 주지 않습니다. 드래곤 퀘스트 시리즈(일본의 유명 롤플레잉 게임)에서 정보를 술술 말해 주는 행인 캐릭터와는 전혀 다릅니다.

룬Rune 문자는 고대 북유럽의 게르만계 민족이 주로 사용하던 문자로 분명히 그리스 문자나 라틴 문자의 영향을 받기는 했지만, 독자적인 직선 모양을 하고 있습니다. 숲이 많은 북유럽에서는 나무에 문자를 새기려면 직선 모양이 쓰기 편했기 때문이라고 합니다.

그리스도교가 도입되기 이전부터 사용되었는데 그리스도교가 퍼져 라틴 문자가 대체하면서 쇠퇴해 갔습니다. 그 대신 고대의 마술적인 이미지를 지닌 문자로서 현재에도 점술 등에서 종종 사용됩니다.

구조는 아주 간단해서 알파벳과 거의 일대일로 대응합니다. 예를 들어 사면초가四面楚歌의 일본어 발음인 '시멘소카'는 이렇게 표기합니다.

ㄴIℳM†ㄴⵁ‹F
S I M E N S O K A

ㄴ (s)나 ℳ (m) 같은 글자는 라틴 문자와 꽤 비슷하다는 것을 알 수 있습니다. 물론 비슷하게 생겼다고 해서 읽을 수 있다는 말은 아닙니다.

〈울티마 V〉에선 룬 문자와 알파벳을 대응시킨 표가 붙어 있어서 그걸 보면 어찌어찌 읽을 수는 있지만 그렇게 해독한 결과물이 영어 문장이라는 게 문제입니다.

말하자면 〈울티마 V〉는 룬 문자 → 영어 → 모국어, 이렇게 두 단계에 걸쳐 번역하지 않으면 간판 하나도 제대로 읽지 못한다는 것이죠.

사실 게임 개발자도 '어차피 읽지도 못할 텐데 뭐.'라고 생각했는지, 게임 안에 등장하는 표지판에는 그다지 중요한 내용이 쓰여 있지는 않습니다. 예를 들면 이런 거죠.

ᚦᛁᛋ ᛁᛋ ᚨ ᛋᛁᚷᚾ

→ This is a sign.

→ 이것은 표지판입니다.

….

표지판인 건 나도 알아요.

그래도 저는 이 번역 작업이 무척 재미있어서 시간 가는 줄도 모르고 푹 빠져 읽었습니다. 이 룬 문자는 '읽지 못하는 것을 읽을 수 있게 되는 즐거움'을 가르쳐 주었습니다.

지금도 룬 문자는 타로 카드 등에 자주 쓰여 있습니다. 슬쩍 읽어주면 점치는 분도 깜짝 놀라지 않을까요.

문자 메모

주요 사용 지역:
고대 유럽 중북부

사용 언어:
게르만어

룬 문자는 독일과 영국에서는 일찍부터 쇠퇴했지만 북유럽에서는 14세기 무렵까지 사용되었다고 한다. 게르만 민족답다는 생각이 드는 것은 북유럽 언어나 영어에도 있는 자음 'th'를 Þ처럼 하나의 문자로 나타낸다는 것이다. 한편 기본적으로 라틴 문자를 사용하는 아이슬란드어에서 이 문자가 버젓이 사용되고 있다. 룬 문자는 현대에도 살아 있는 것이다.

히에로글리프

"가장 좋아하는 고대 문자는 무엇입니까?"

도쿄 시부야의 북적대는 교차로에서 10대 청소년을 중심으로 이런 질문으로 설문 조사를 한다면 아마도 1위에 빛나는 답변은 **"하나도 몰라요."**일 겁니다. 하지만 그러면 이야기가 진행되지 않을 테니까 억지로라도 답을 끌어낸다면 아마도 '히에로글리프'가 아닐까 합니다.

히에로글리프는 고대 이집트에서 사용된 상형문자인데, 유적의 벽면에 화려한 색채로 그려져 있는 것을 실물이나 영상으로 보신 분도 많을 것입니다. 한자보다 훨씬 회화적인 느낌이 강해서 처음 보는 사람도 왠지 그 의미를 알 수 있을 정도입니다.

그러나 고대 이집트가 로마에 정복당하고 그 후 그리스어, 아라비아어가 유입되면서 이 문자를 읽는 법은 완전히 잊히고 말았습니다. 그리고 **형태가 지나치게 비주얼에 중점을 둔** 탓에 문자가 아니고 단지 그림이라고 여겨졌던 시대도 있을 정도입니다. 마치 외모가 잘생긴 밴드를 보면 노래는 못할 거라고 생각하는 것과 같은 거죠. 아닌가요?

어쨌든 그 당시 고대 이집트인들조차 문자 모양이 너무 비주얼에 치중되었다고 생각했던지 평소에는 이 문자를 좀 더 간략하게 한 형태인 히에라틱hieratic이라는 글자체를 사용했는데, 왕가의 묘나 격식을 차릴 때 이 문자를 사용한 것 같습니다.

나중에는 그것이 더 간략해져 데모틱demotic이라는 글자체가 탄생했습니다. 한자로 말하면 해서와 행서와 초서 같은 것이라 생각하면 될까요?

대영박물관의 로제타스톤
위에서부터 히에로글리프,
데모틱, 그리스 문자

이러한 이유로 당시의 이집트인들조차 자주 볼 수 없었던 히에로글리프를 우리가 일상에서 발견할 일은 당연히 거의 없습니다.

기껏해야 TV 채널에서도 가끔 방영하는 **영화 〈미이라〉에서 뿌연 먼지로 덮인 유물과 함께 등장하거나, 고대 이집트 전시 홍보 포스터**에서 보는 정도가 아닐까요?

그런데 사실 이 히에로글리프는 우리 일상 속 여기저기에서 볼 수 있습니다. 예를 들면 알파벳 'A'가 있습니다. 사실 이 글자의 원

형은 소를 나타내는 히에로글리프입니다. 시험 삼아 한번 A를 180도 뒤집어볼까요? 뿔 두 개가 치솟으면서 희한하게도 소가 나타납니다.

'소가 아니라 사슴인데?'라는 클레임은 받지 않겠습니다.

그밖에 'O'는 히에로글리프에서 눈을 뜻하는 글자이고, 'E'는 기뻐서 손을 번쩍 들어 올린 사람을 본떠서 만든 글자입니다.

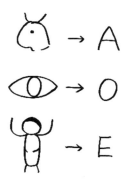

그렇게 생각하니까 지하철 안의 광고문에 나오는 알파벳이 전부 의미를 띠게 되고 마음은 훌쩍 시간을 뛰어넘어 고대 이집트로 날아갑니다. 저는 매일 아침 이렇게 현실도피를 하면서 **괴로운 회사 생활을 어떻게든 극복하려고 하고 있습니다.**

그밖에도 'D'가 물고기가 되고 'H'는 마당이 되는 등 온갖 상상의 나래가 펼쳐집니다.

은행의 'BANK'라는 글자를 보면서 각각 '집, 소, 뱀, 손바닥'을 나타내는 글자이기 때문에 '아, 집 안의 재산(소)을 뱀처럼 교활한 수단으로 손안에 넣는 곳이란 말이구나.' 하고 상상해 보는 것도 재미있습니다. 은행업계에서 이의를 제기할지도 모르겠네요.

그러면 왜 소를 나타내는 히에로글리프가 시공간을 훌쩍 뛰어 넘어 'A'라는 글자로 사용되었을까요? 거기에는 이런 사정이 있다고 합니다. 이집트 바로 옆 시나이 반도에 있던 어느 민족이 히에로글리프를 보고 '어, 우리 나라에 가져가야지.' 하고 가져갔습니다. 가져간 것까지는 좋았는데, 복잡한 표기 체계는 아예 무시하고 그 문자가 나타내는 소리만을 취해서 적용했기 때문입니다. 그들의 말로 소는 '아'로 시작하는 음이었던 모양인지, 그래서 '소'라는 글자가 'A'를 나타내게 된 것입니다.

이 이야기는 여러 설 중의 하나로 완전히 증명된 것은 아니지만, 어쨌든 우리 일상에는 소나 집 등, 고대 이집트인들의 지혜가 넘쳐납니다. "고대 문자 같은 건 몰라요." 하고 시부야 번화가를 걷는 10대 청소년들도 자기도 모르는 사이에 고대 이집트 문자에서 유래한 글자를 쓰고 있을지도 모른다고 생각하니 무척 유쾌합니다.

문자 메모

주요 사용 지역: 고대 이집트
사용 언어: 고대 이집트어

고대 이집트어는 사어이고 히에로글리프는 기본적으로 자음만 표시하기 때문에 읽는 법을 정확히 알 수 없다. 그래서 어쩔 수 없이 모음은 편의상 'e'음을 적용한다. 고대 이집트어로 이집트를 'kmt'라고 하고 '케메트'라고 부르지만 사실은 '키미트'일 수도 있고 '카마트'일지도 모른다.

맘대로 가져다가 맘대로

체로키 문자

머리말에서도 말했듯이 저는 중학교 시절 '나만의 문자'라는 것을 개발한 적이 있습니다.

지금은 읽는 법도 전부 잊어버리긴 했지만 그래도 딱 하나 기억하고 있는 글자가 있습니다. 히라가나의 'す'를 좌우로 뒤집어놓은 모양의 문자로 'あ'를 나타낸 것입니다. 다시 말해서, 'ㅎ'가 'あ'라는 말입니다.

왜 그랬냐고 묻는다면 할 말은 없지만, 하나부터 열까지 스스로 문자를 만들기보다는 기존의 문자를 적당히 차용해서 만드는 편이 에너지 절약이 될 것 같았기 때문입니다.

그런데 이 에너지 절약을 실제로 실행한 문자가 있습니다. 아메리카 원주민 중 하나인 체로키족이 사용하는 '체로키Cherokee 문자'입니다.

이 문자를 만든 사람은 체로키족의 시쿼야Sequoyah라고 하는 19세기 초반에 살았던 인물입니다.

당시 체로키족은 문자가 없었고 시쿼야도 문자를 전혀 읽을 수 없었습니다. 그런데 백인들이 문자라는 것을 사용해 기록을 남기는 것을 본 그는 '아, 이건 쓸 만한데.' 하고 생각한 겁니다.

영어를 말할 수 없었던 그는 먼저 백인들이 사용하는 알파벳 교본을 손에 넣어 거기에 실려 있는 문자를 자신들의 말소리에 적당히

짜 맞추는 대담하고 어려운 작업을 해냈습니다.

게다가 라틴 문자뿐만 아니고 그리스 문자나 키릴 문자까지 총동원합니다. 그 결과 '어디선가 본 적은 있는 것 같은데 읽을 수는 없는' 왠지 모를 좌절감을 느끼게 하는 문자가 탄생하게 된 것입니다.

예를 들면 R 은 아무리 봐도 알파벳 'R' 같은데 'e'라고 읽습니다. 또 D 는 'a', W 는 'la', A 는 'go' 등으로 읽습니다.

또한 그리스 문자인 Ө 는 'na', 키릴 문자의 Γ 는 'hu'로 읽습니다. 나중에는 숫자까지 동원되는데 4 가 'se'로 변하는 등 그야말로 **깜짝 놀랄 문자 만국박람회**를 보는 듯합니다.

참고로 체로키 문자는 음절문자로, 문자 하나가 음절 하나를 나타내는 일본어 가나 문자와 같습니다. 예문을 들어보면 이런 느낌입니다.

ᏏᏴᎤ ᎤᎾᎬᎥᏓ ᏂᎠᏎᏗᎢ ᏟᏂ ᎢᏔᎦᎯᏎᏗᎢ, ᎠᏟᎪᎥᏔᏆᎥᏓ ᎠᏓ ᎠᏐᏂᎲᎠᏎ

얼핏 보면 라틴 문자처럼 보이는데도 전혀 읽을 수가 없으니 답답함이 느껴지지 않습니까?

이렇게 여러 종류의 문자를 사용하다 보면 하나쯤 우연히 읽는 법이 같은 글자가 나오기도 할 법한데, **그런 경우는 전혀 없습니다**. 일부러 피해간 게 아닐까 싶은 생각마저 듭니다.

솔직히 말해 문자의 개발 방법 자체는 제가 만든 '나만의 문자'와 같은 수준입니다. 다만 시쿼야가 대단한 것은 그 문자를 보급했다는 것입니다.

다른 많은 사람들 사이에서도 마찬가지겠지만, 문자가 없는 곳에서는 사람들이 문자를 '마술적'인 것으로 여기고 꺼려했습니다. 체로키 문자도 처음에는 좀처럼 받아들여지지 않았는데, 이것을 처음으로 배운 사람이 시쿼야의 여섯 살 난 딸아이였다고 합니다.

그 후에도 그는 여기저기 돌아다니며 문자의 유용성을 설파해, 끈기 있게 문자를 보급하려고 했습니다. 그가 바랐던 것은 백인들의 계략에 의해 뿔뿔이 흩어져 살게 된 체로키족을 다시 일치단결하려는 것이었습니다. 당연히 문자가 있으면 멀리 떨어진 사람들이 서로 의사소통하기도 편해지겠죠.

재미있는 것은 체로키족이 문자를 '토킹 리프'라고 불렀다는 것입니다. '말하는 잎사귀'라는 뜻입니다. 시쿼야가 이 문자를 보급한 덕분에 체로키 문자가 실린 신문이 발간되었으니, 말을 싣는 잎사귀로서 큰 역할을 한 셈입니다.

참고로 시쿼야를 나타내는 문자는 ᏍᏏᏉᏯ입니다. 기분 탓인지는 몰라도 어쩐지 멋진 문자가 나열된 느낌이 듭니다. 임의로 뽑아서 만든 글자라 하지만, 왠지 '본인 이름을 나타내는 문자는 보기에 멋진 모양으로 고른 게 아닌가.' 하는 생각도 듭니다.

문자 메모

주요 사용 지역: 아메리카

사용 언어: 체로키어

문자 하나가 한 음절, 즉 모음과 자음이 합쳐 하나의 음절을 나타내는 문자를 음절문자 syllabary라고 하는데 사실 이런 문자는 의외로 적다. 현재 사용되는 것은 일본어 가나 문자 이외에도 체로키 문자와 몇몇 문자가 있다. 그래서 그런지 일본인의 입장에선 친밀감이 느껴진다. 음절문자는 알파벳보다 글자의 종류가 많기 때문에 예전의 고대 문자 해독자들은 글자 종류가 몇 개인지로 그 문자의 유형을 검토했다고 한다.

가짜 고대 문자를 만들자

하일리아 문자

문자를 만들고 싶다는 **괴상한 열정**을 가진 사람은 오래전부터 많았던 것 같습니다. 《반지의 제왕》을 쓴 톨킨은 엘프가 쓰는 키르스Cirth 문자를 만들었고, 〈스타트렉〉에도 클링곤이라고 하는 언어와 클링곤Klingon 문자가 나옵니다. 《마법소녀 마도카☆마기카》에 나오는 마녀 문자 같은 것은 예술적으로도 뛰어나서 **그 문자가 나오는 장면을 보고 DVD를 구입했을 정도입니다.**

그런데 이런 여러 창작 문자의 공통점은 '살짝 고대풍의 신비로운 이미지'가 감돈다는 것입니다.

그런 점에서 제가 최고의 걸작이라고 생각하는 문자가 있습니다. 바로 게임 〈젤다의 전설 바람의 지휘봉〉에 나오는 하일리아Hylia 문자입니다.

일단 한번 보실까요? 소박하면서 신비로운 분위기가 느껴지는 문자입니다.

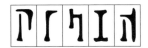

©2002 Nintendo

참고로 이 다섯 글자의 발음은 일본어의 'アイウエオ(아이우에오)'와 같습니다. 네… 그렇습니다. 바로 여러분이 상상하는 대로입니다. 새로운 문자라고는 하지만 특별히 복잡한 체계를 가진 것이

아니라 그저 일본어의 가타카나 문자를 그럴싸하게 변형했을 뿐입니다.

©2002 Nintendo

다른 문자도 보시는 대로입니다. 가나 문자를 아는 사람은 마음만 먹으면 제대로 읽을 수 있을 정도로 난이도가 높지 않지만 그러면서도 절묘하게 고대 문자의 느낌을 표현했습니다. 참고로 일본어 가나 문자에 붙는 탁점(˚)은 아래 그림처럼 문자 위에 두 개의 선을 그어 표시했습니다.

©2002 Nintendo

뭐 엉성하다면 이보다 더 엉성할 수 없을 정도이지만, 가타카나를 이만큼 멋지게 고대 문자 느낌이 들도록 만든 예를 저는 아직 본

적이 없습니다.

〈젤다의 전설〉 시리즈는 말할 필요도 없이 유명한 명작 게임입니다. 액션 RPG 게임으로, 주인공 링크가 **사사건건 붙잡히는 여주인공** 젤다 공주를 구출하기 위해 모험을 떠나는 내용입니다.

〈바람의 지휘봉〉도 그 시리즈 중 하나로 요트를 타고 여기저기 섬을 찾아가는 내용인데, 그 섬들의 간판에 하일리아 문자가 쓰여 있습니다. 그 효과가 이 게임의 맛을 살리는데, 가타카나를 아는 사람은 조금만 요령을 익히면 금방 읽을 수도 있습니다.

그런 의미에서 보면 보통 사람은 전혀 읽지 못하는 룬 문자로 표지판을 표기한 〈울티마 V〉와는 매우 다릅니다. 과연 닌텐도군요.

그러면 이 문자에서 '가짜 고대 문자를 만들기 위해 필요한 요소'를 한번 찾아볼까요?

- 쐐기 모양은 고대 문자 느낌을 준다.
- 점을 찍으면 고대 문자 같다.
- 곡선을 사용하지 않으면 고대 문자다워진다.

위의 요소를 생각해 보면 우리가 품은 고대 문자의 이미지는 대부분 고대 메소포타미아의 설형 문자에서 비롯되었다는 것을 알 수 있습니다. '날카로운 도구로 깎아서 문자를 새겨 넣는 것'이 고대 문자 느낌다워지는 지점이라고 할 수 있습니다. 그러고 보니 〈천공의 성 라퓨타〉에 나오는 라퓨타 문자도 설형문자였네요.

앞의 내용을 참고해서 한자 '三島(원서 출판사 이름)'를 고대 문자의 느낌이 들도록 써보았습니다. 제작 시간은 1분 걸렸습니다.

고대 문자라기보다 **한자를 처음 쓰는 유치원생이 쓴 글자 같네요.** 어쨌든 고대 문자 느낌이 나는 글자를 쓰고 싶다는 괴상한 열망이 있는 분은 꼭 참고해 주시기 바랍니다.

제8장
올림픽에도 국기에도

조지아 문자

그루지아를 조지아로 부르게 된 지는 꽤 오래되었습니다. 처음에는 '캔 커피 이름인가?' 생각했는데 이제는 많이 익숙해졌습니다.

조지아 대사관 직원들이 부지런히 일한 덕분도 있겠지만 조지아 출신 스모 선수 오자키 도치노신이 스모 대회에서 우승한 것도 큰 역할을 했다고 생각합니다.

그런데도 조지아의 언어가 아직도 그루지아어로 불리고 있는 건 왜일까요? 또 문자 역시 여전히 그루지아 문자로 불리고 있습니다. 대사관 직원들의 막판 마무리 작업이 좀 부족했는지도 모르겠네요.

왠지 풀이 죽은 듯한 느낌이 드는 조지아 문자는 사실 아주 멋진 글자입니다.

예를 들면 '조지아'를 나타내는 말은 საქართველო 입니다. 어떤가요? 꽤 멋지지 않나요?

참고로 이 글귀는 '사카르트벨로Sakartvelo'라고 읽습니다. 조지아어로 표기한 정식 국명입니다만 **조지아의 '조'도, 그루지아의 '그'도 등장하지 않는군요.**

위를 향한 둥근 곡선이 많아서인지 전체적으로 리드미컬한 느낌이 드는데 뭐랄까 춤을 추고 있는 것 같기도 합니다. 그리스 문자에서 파생했다고 하며 구조는 라틴 문자와 동일합니다. 친근하면서도 이국적인 문자입니다.

젊었을 때 저는 이 조지아 문자를 어떻게든 배우고 싶어서 4천 엔이나 하는 입문서를 산 적이 있습니다.

그런데 좀 엉뚱하게도 그 책에 '조지아어는 고대 수메르어의 후예'라는 말이 계속 나오는 겁니다.

대화 예문 같은 건 거의 실려 있지 않았습니다. 그뿐 아니라 조지아 문자의 예라고 하며 지하철역명이 쓰인 간판 사진이 실려 있는데 그 사진이 위아래 거꾸로 실려 있기도 했습니다.

지은이가 다소 엉뚱한 말을 해서 '**편집자도 의욕을 잃었나.**' 하고 동정심이 생기기도 했지만 아무리 그렇다 해도 너무 비싸게 샀다는 생각이 들었습니다.

얼마 전 한국에서 평창 올림픽이 끝났는데 그 전에는 러시아 소치에서 열렸었습니다. 소치와 조지아는 엎어지면 닿을 정도로 가까운 거리이지만, 사실 그 소치는 예전에 조지아에 속한 땅으로 '소치'라는 지명도 코카서스계 언어에서 유래된 것이라고 합니다.

참고로 '소치Sochi'는 조지아 문자로 ${\bf ხოჩი}$ 라고 씁니다.

어떤 의미에서 보면 조지아에서 올림픽이 치러졌다고도 할 수 있겠네요(그런가?). 그런 의미에서 올림픽을 기념하여 제가 한번 올림픽 경기 종목을 조지아 문자로 표현해 보겠습니다.

작품 1

스피드 스케이트 (문자 'ph')

${\bf ფ}$ = =

작품 2

3회전 반 점프 (문자 'ei')

작품 3

봅슬레이 (문자 'l')

= = ꟽ

비슷한지 아닌지는 제쳐두더라도, 이런 시도가 가능할 만큼 조지아 문자는 회화적입니다.

스모 경기를 보다가 조지아 출신의 선수가 활약하는 모습을 볼 때나 자동판매기에서 조지아 커피 에메랄드 마운틴을 사서 마실 때는 꼭 이 멋진 문자를 한번 떠올려보기 바랍니다.

문자 메모

주요 사용 지역: 조지아
사용 언어: 조지아어

근거는 없지만 일설에 따르면 조지아어는 '세계에서 가장 어려운 언어'라고 한다. 문법이 대단히 복잡할 뿐 아니라('능격'이라는 것이 있다) 자음이 아주 많은데 그것이 세 개, 네 개(가끔은 여덟 개나!) 연속될 때도 있다.

러시아 문자

2018년 월드컵 대회가 러시아에서 열립니다(원서는 러시아 월드컵 개최 이전에 출간되었다). 학창 시절 가장 비인기 언어였던 러시아어를 전공한 사람으로서 이런 날이 왔다는 것이 참으로 감개무량합니다. 물론 세월이 너무 흘러 러시아어를 거의 다 까먹었다는 게 문제이긴 합니다만. 20년만 더 빨리 이런 날이 왔더라면….

그건 그렇고 이 러시아 문자는 얼핏 보면 라틴 문자와 비슷해 보이지만 미묘하게 달라서 **사람들을 당황하게 하는 걸로 유명합니다.**

유럽인들에게도 그건 마찬가지였던 것 같습니다. 예를 들면 애거서 크리스티의 추리 소설 《오리엔트 특급 살인》에서 손수건에 새겨진 'H'라는 글자가 사실은 러시아 문자 'N'이었다는 것이 밝혀져 **명탐정 푸아로가 수염을 쥐어뜯으며 미친 듯이 화를 내죠**(사실은 그게 아닌 다른 이유로 포와로가 분통을 터뜨립니다만).

하지만 반대로 말하면 비슷한 문자가 많기 때문에 쉽게 읽을 수 있다고 할 수 있습니다. 또 일본 여고생들은 이모티콘 대신에 러시아 문자를 사용하기도 합니다. 예를 들면 R을 180도로 돌려 놓은 글자 **Я**('야'라고 읽는다)나 N을 돌려놓은 글자 **И**('이'라고 읽는다) 등, 문자 자체만 보면 어디선가 본 적이 있는 듯한 느낌이 드는 글자가 많습니다.

대표적인 러시아 문자만 읽을 수 있어도 월드컵을 1.25배쯤은 더 즐길 수 있을 겁니다. 그런 의미에서 **월드컵 영상에는 나오지 않을 러시아 문자**를 엄선해서 소개하려고 합니다. 응? 뭐라고?

먼저 **Ь**(소문자는 **ь**)입니다. '먀흐끼 즈낙'이라고 부르는 이 문자는 '연음 부호'인데 문자라기보다는 자음 뒤에 붙는 부호입니다. 이 문자를 붙이면 그 자음을 발음할 때 혀를 들어 올리고 입은 살짝 양쪽으로 벌어지게 하면서(부드럽게 하면서) 소리 내는 것이 규칙입니다. 마치 모음 'i'를 발음할 때 입 모양은 그대로 둔 채 'i'를 발음하지 않는 듯한 느낌이라고 생각하면 됩니다.

솔직히 흔히 볼 수 있는 문자는 아니지만 눈을 크게 뜨고 찾아보면 어쩌다 하나쯤 발견할지도 모릅니다. 〈월리를 찾아서〉의 '월리'를 찾는다는 마음으로 한번 찾아보기 바랍니다.

그런데 월리는커녕 쓰치노코(일본에 서식한다고 알려진 미확인 생물체) 못지않게 찾기 어려운 희귀한 글자가 있습니다. 바로 **Ъ**(**ъ**)입니다.

'뜨뵤르디 즈낙'이라고 불리는데, 조금 전의 연음 부호와는 반대로 '경음 부호'를 뜻하는 문자입니다. 자음 뒤에 이 부호가 붙으면 그 자음은 연음이 아닌, 즉 부드러운 입천장소리가 아닌 보통의 발음으로 소리 내도 좋다는 의미입니다.

보통 발음하듯이 소리를 내는 것이라면 굳이 부호를 붙이지 않아도 될 것 같다는 의문이 듭니다. **러시아인들도 그런 의문이 강하게 들었던지** 러시아 혁명 때 실행된 철자법 개혁에 따라 기본적으로는 표기하지 않게 되었습니다. 그런 이유로 지금은 책 한 권에 한 군데쯤 보일까 말까 할 정도로 보기 드문 글자가 되었습니다.

하지만 사실 러시아 문자는 일본인에게 대단히 유익한 역할을 합니다. 예를 들어 일본 이름 '겐이치'를 쓴다고 하면 보통 알파벳으로는 'kenichi'라고 씁니다. 무리해서 'ken'ichi'라고 쓰기도 하지만 무척 부자연스럽습니다. 그런데 러시아 문자를 사용해서 **Кэнъити**와 같이 쓰면 '겐'과 '이치'를 확실히 구별해서 읽을 수가 있습니다.

그러니까 월드컵 대회에서 겐이치나 신이치 같은 이름을 가진 선수가 있다면 이 문자를 볼 가능성이 높다는 것입니다.

내친 김에 월드컵 대회의 후보 선수 이름을 찾아보니 '스기모토 겐유'라는 이름의 선수가 있네요. 이 선수의 이름을 라틴 문자로 쓰면 'Kenyu Sugimoto'가 되어서 아마 '게뉴 스기모토'라고 불리겠지요.

그런데 러시아 문자로 쓴다면 'Ken'과 'yu' 사이에 경음 부호를 넣어줌으로써 '겐유'라고 확실히 발음할 수 있습니다.

참고로 러시아 문자로 겐유는 **Кэнъю**로 씁니다. 환상의 글자를 보기 위해서라도 스기모토 겐유 선수가 일본 대표로 선발되었으면 합니다.

문자 메모

주요 사용 지역: 러시아, 구소련권 국가들, 불가리아 등
사용 언어: 러시아어, 우크라이나어, 불가리아어

러시아 문자는 키릴 문자라고도 불리는데, 키릴 문자란 불가리아나 우크라이나 등 여러 나라에서 사용되고 있는 문자를 말하며, 그중에 러시아에서 사용되는 키릴 문자를 러시아 문자라고 부른다. 키릴과 메토디오스 형제가 만든 글라골 문자를 개량하여 만들었다고 해서 '키릴 문자'다. 하지만 실제로 보면 글라골 문자와 키릴 문자는 꽤 다르다.

키릴 문자(우크라이나어)

'바실리 예로센코'라고 하는 20세기 초에 활약한 맹인 작가가 있습니다.

예로센코 씨가 혹시 일본에서 태어났다면 '에로'를 연상케 하는 이름 때문에 꽤나 놀림을 받았을 것 같지만 다행히 그는 우크라이나(당시는 러시아 제국령) 출신입니다. 어릴 때 병으로 실명하고 한때 힘든 생활을 했지만 그 당시 세계 공통 언어로 유행하던 에스페란토어를 배우면서 서서히 재기하게 됩니다.

그러다가 맹인이 안마 등으로 일하면서 어엿이 자립해서 살 수 있는 멋진 나라가 있다는 말을 듣고 가고 싶다는 생각을 합니다. 그 나라가 바로 일본이었죠.

"근데 자네, 그런 이름으로는 좀…" 하고 친구가 말리는 것도 듣지 않고(물론 제 추정입니다) 1914년에 일본으로 갑니다. 다행히 이름 가지고 놀리는 초등학생 수준의 사람은 없었던지 일본에서 여러 지식인들과 교류하면서 유명해졌습니다. 러시아어를 가르치거나 신주쿠의 나카무라야 식당에서 보르시치(붉은 비트를 주재료로 한 스프) 만드는 법도 가르쳤다고 합니다.

서론이 좀 길어졌습니다만, 제가 하고 싶은 말은 그 당시는 우크라이나와 러시아가 확실히 구별되어 있지 않았다는 것입니다. 실제로 우크라이나어와 러시아어는 매우 비슷하고 문자도 똑같이 키릴 문자를 사용합니다. 방언끼리의 차이 정도라고 할까요.

그럼에도 불구하고 실제로 문장을 보면 그 차이는 눈으로도 확실히 알 수 있습니다. 러시아어에서는 사용하지 않는 'i'(혹은 ї)라는 글자가 우크라이나어에서는 자주 사용되는데 그것 때문에 잠깐만 봐도 우크라이나어라는 걸 알 수 있습니다.

예를 들어 '우크라이나'라는 말을 러시아어 방식으로 표기하면 **Украина**이지만, 우크라이나어로는 **и**가 **ї**로 바뀌어 **Україна**가 됩니다.

또 '필리핀'을 표기하면 우크라이나어로는 **Філіппі-ни**, 러시아어로는 **Филиппины**가 됩니다.

러시아어처럼 생긴 글자에 참깨를 뿌려 놓으면 우크라이나어라고 생각하면 편리합니다.

아무리 생각해도 실용적이지 않은 문자 지식이기는 하지만, 그래도 최근에 조금 도움이 되고 있습니다. 우크라이나는 친유럽파와 친러시아파로 나뉘어 대립하고 있는데, 종종 TV에 팻말을 든 우크라이나인들의 모습이 보이기 때문입니다. 친러시아파 사람들은 대부분 러시아어를 사용합니다. 다시 말해 글자 위에 이렇게 참깨 알갱이가 있는지 없는지를 보면 그 사람이 친유럽파인지 친러시아파인지 알 수 있다는 뜻입니다.

단지 'i'와 'И'만의 차이로 그렇게 대립한다는 것이 참으로 안타깝습니다. 참고로 우크라이나어와 러시아어에서 '이ᵢ/и'는 '~와'라는 의미를 가지는 글자입니다. 우크라이나와 러시아의 관계가 나아지기를 바랄 뿐입니다.

한글

한글은 일본에서 가장 흔히 볼 수 있는 외국 문자 중 하나입니다. 한국 식당 같은 곳은 물론 요즘은 역명이나 각종 안내소에도 한글이 병기된 곳이 늘어나고 있습니다.

얼핏 보면 다가가기 어려워 보이지만 조금만 배우면 한글은 대단히 논리적이고 구조가 짜인 문자라는 걸 알 수 있습니다. 아마도 유명 전략 컨설팅 회사인 맥킨지에 문자를 만들어 달라고 의뢰한다면 이런 것이 나오지 않을까 싶습니다. **막대한 컨설팅 비용, 그리고 화려한 프레젠테이션**과 함께 말이죠….

기본적으로 자음 글자와 모음 글자를 하나씩 조합해 음절 하나를 나타내는데, 마지막에 자음 글자를 덧붙일 때는 하단에 배치합니다.

예를 들어 **한**은 왼쪽 위에 냄비 뚜껑처럼 생긴 것이 'h' 음, 그 옆에 'ㅏ'는 'a', 아래쪽 'ㄴ'은 'n'으로 'han'이라고 읽습니다.

문자 하나하나가 가지런히 붙어 있습니다. 한자가 부수 글자를 왼쪽이나 오른쪽 등에 붙이는 것과 비슷합니다.

게다가 각각의 자음 글자는 발성 기관의 모양을 본떠서 만들었다는 것은 대단합니다.

예를 들어 'm' 발음은 입술을 사용해야 소리낼 수 있는데, 한글에서 m에 해당하는 **ㅁ**은 입 모양을 나타내고 있다는 것을 알 수 있습니다.

n은 ㄴ으로, 발음할 때의 혀 모양을 표현했으며, k는 ㄱ으로, 입 안쪽에서 소리가 나올 때의 느낌을 잘 표현하고 있습니다.

이 얼마나 논리적이고 현대적입니까!

대단히 머리가 뛰어난 사람이 만든 게 분명합니다. 어쩌면 안경도 썼을지 모릅니다. 안경 선배네요.

물론 너무 딱딱한 느낌이 들어 기호 같다는 인상을 받는 사람도 있을지 모릅니다. 그도 그럴 것이, 이 문자는 발음 기호로서 사용할 수 있는 측면도 강하기 때문입니다.

한글이 만들어진 것은 15세기입니다. 명군이라고 불리는 조선 제4대 왕 세종이 창제한 것입니다. 그 당시 조선은 일본에 비해 중국의 영향을 매우 강하게 받던 시기입니다. 그래서 유일무이한 존재였던 한자가 아닌 다른 문자를 만든다는 것에 대한 반발이 국내에서 굉장히 심했던 모양입니다.

어떤 신하는 "독자적인 문자를 만드는 것은 몽골이나 서하, 여진, 티베트와 일본 정도로 전부 야만인들뿐입니다."라고 했다고 합니다. **그 시대부터 일본은 살짝 무시를 당했군요.** 그건 그런데 독자 문자를 만들면 야만적이라는 발상이 무척 신선합니다.

그에 대해 세종은 거세게 반론합니다.

"아니다. 이 글자는 백성들에게 편리할 뿐만 아니라, 한자를 바르게 읽는 데도 도움이 된다."라고요.

솔직히 꽤 씁쓸한 변명 같다는 생각도 들지만 그런 세종의 유연한 발상이 지금의 한글 문화를 꽃피우게 했습니다.

문자를 만들려는 사람을 바보 취급해서는 안 된다는 겁니다.

문자 메모

주요 사용 지역: 한국, 북한
사용 언어: 한국어, 조선어

NHK 어학 강좌에 '한글 강좌'가 있는데, 한글은 어디까지나 문자의 이름이기 때문에 강좌 이름을 이렇게 짓는 것은 맞지 않다. 일본어 강좌를 가나 강좌라고 하는 것과 같다. 한국어 강좌라고 해야 할지, 조선어 강좌라고 해야 할지 옥신각신하다가 어렵게 내린 결론은 아닐까.

국기에 쓰인 문자

저는 문자를 좋아하는 사람이라서 세계의 국기를 보고 있으면 아무래도 '문자가 들어 있는 국기'에 관심이 갑니다.

'그런 국기가 있었나?' 하고 생각하는 사람도 많을 겁니다. 그도 그럴 것이 대부분의 경우 '이럴 거면 차라리 안 넣어도 되지 않나?' 싶을 만큼 은근슬쩍 들어 있기 때문입니다.

예를 들어 아이티의 국기를 볼까요?

그림 아래쪽의 리본처럼 생긴 곳에 프랑스어로 "단결은 힘이다 L'UNION FAIT LA FORCE"라는 말이 쓰여 있습니다. 얼핏 보면 그냥 무늬처럼 보입니다. 이집트의 국기도 그렇습니다.

　한가운데에 있는 독수리의 발밑에 아라비아어로 국명이 쓰여 있습니다. 이것도 그냥 독수리가 앉아 있는 바위처럼 보이네요. 엘살바도르의 경우는 문자가 두 군데에 사용되고 있습니다.

　한가운데에 있는 그림은 언뜻 보면 그냥 상징물을 표현한 것처럼 보이지만 자세히 보면 그 주변이 '중앙아메리카 엘살바도르 공화국'이라는 문자로 둘러싸여 있습니다. 그리고 중앙 아래쪽에 있는 리본에는 스페인어로 '신, 단결, 자유'라는 말이 쪼그맣게 쓰여 있습니다. **읽을 수는 있나요?**

　앞의 국기들을 보면 '우리 국기를 그려보자!' 수업 중에 이런 과제를 받은 초등학생이 좁은 공간에 글자를 다 쓸 수가 없어 낑낑

대는 모습이 눈에 선합니다. (그런 의미에서는) 제가 일본에서 태어난 게 다행이네요.

　참고로 전 세계 약 200개국 중 국기에 문자가 쓰여 있는 것은 16개국입니다(자체 조사 결과). 그중에 아라비아 문자가 6개국, 라틴 문자가 10개국인데, 라틴 문자는 라틴어, 스페인어, 프랑스어 등 여러 언어로 쓰여 있기 때문에 순수하게 언어로만 말하면 6개국에 쓰인 아라비아어, 아라비아 문자가 가장 많은 셈입니다. 아라비아 문자는 디자인이 돋보인다는 걸 말해주는 것이겠죠.

　예를 들어 이란 국기에도 아라비아 문자가 쓰여 있습니다. 그런데 어느 것이 문자일까요?

　조심해야 합니다. 한가운데의 마크는 눈속임입니다. 사실은 그 주변을 둘러싸고 있는 문양, 흔히 볼 수 있는 **라면 사발에 그려진 모양**처럼 생긴 것이 바로 아라비아 문자로, "알라는 위대하시다(알라후 아크바르)."라고 쓰여 있습니다. 참 멋있군요.

　하지만 문자가 쓰여 있는 국기는 의외로 많지 않은 것 같습니다. 좀 더 있어도 괜찮겠다는 생각도 듭니다. 무사 나오에 가네쓰

구가 투구에 '愛'를 새겨 넣고 이시다 미쓰나리가 깃발에 '大一大萬大吉'을 써서 전쟁터로 나간 것처럼 더 확실하게 문자를 사용하는 것도 좋지 않을까요? 그런 의미에서 제가 한번 제안해 볼까 합니다.

예를 들어서 한자를 만든 중국의 국기를 이렇게 만들면 어떻겠습니까?

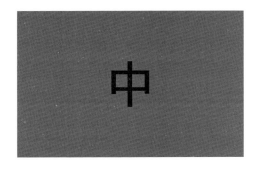

새로운 중국 국기 제안.

음, 아무리 봐도 늘 중도를 지켜야 할 것 같군요.

어쨌든 문자는 실용품이면서 동시에 장식품이기도 합니다. 앞으로 꼭 아라비아 문자나 라틴 문자 외의 문자가 들어간 국기가 나온다면 문자 팬으로서는 더없이 기쁠 겁니다.

제9장
어디서 영향을 받을 것인가

타밀 문자

일본어가 어디서 유래되었는지에 관한 '일본어 계통론'은 많은 일본인들이 젊은 시절 한 번은 관심을 가지는 주제입니다. 저도 고등학생일 때 거기에 빠져 스포츠도 연애도 우정도 전부 인연이 먼 청춘을 보냈습니다. 정말로 그게 원인이었다고 해주세요, **부탁이니까.**

학창 시절에는 일본어가 우랄-알타이어족에 속한다고 가르치는 선생님들이 꽤 많았습니다. 하지만 현재는 이 설을 거의 부정하고 있을 뿐 아니라 애초에 우랄-알타이어족이란 건 없다는 설도 나왔습니다. 정말 급격한 변화입니다.

한편, '똑똑'이나 '터벅터벅' 같이 소리를 반복하는 특징 등 남방계 언어와 공통점이 많다는 지적도 있지만, 그렇다고 해서 어느 특정한 언어와 연결되어 있다고 실제로 증명되지는 않았습니다.

지금은 그냥 '남방계 언어를 기반으로 하여 북방계 언어가 섞인 것이 지금에 이르지 않았을까?' 하고 생각하는 사람이 많은 것 같습니다.

이렇게 '정답이 없는' 만큼 이 문제에는 비전문가가 참견하기 쉽습니다. 예를 들면 '이름'을 뜻하는 일본어의 '나마에'와 독일어의 '나메'는 닮았으니까 "일본어는 독일어와 같은 계통이다!"라고 말할 수도 있다는 겁니다.

제가 읽은 것 중에 가장 어처구니없었던 예는 성경에 나오는 히브리어의 인명 '사이몬(시몬의 일본식 발음)'이 일본어 '사에몬'에서 유래된 말이라는 겁니다. 그러고 보면 일본의 아오모리현에는 '그리스도의 무덤'까지 있군요. 그럼 사이몬이 아니라 예수가 아니냐고 되받아치고 싶지만, 그런 말을 할 것도 없이 이 설에는 근본적인 문제가 너무 많아 **반박하는 게 오히려 손해**라는 생각까지 듭니다.

이러니저러니 하면서 일본어는 지금까지 많은 언어와 형제 관계를 맺고 있다는 등 말들이 많았는데, 예전에 유난히 문제가 되었던 것이 있습니다. 어느 일본어학자가 제창한 것인데, '일본어의 선조는 타밀어'라는 설입니다. 타밀어는 인도 남부 언어 중 하나입니다. 일반적으로 생각하면 인도인도 깜짝 놀라 웃어버릴 이야기 같지만, 아무튼 이 설을 주장한 사람이 저명한 학자였던 만큼 큰 화제가 되었습니다.

인도 남부의 타밀나두주를 중심으로 전 세계에 7천만 명 이상이 사용하는 언어입니다. 어지간한 유럽 언어보다 훨씬 더 많은 사람들이 사용하는 대언어입니다.

이 타밀인이 사용하는 타밀 문자는 무척 귀엽습니다. 마치 땅 위에서 담쟁이가 꼼틀꼼틀 자라난 것 같은 느낌을 줍니다.

தமிழ் எழுத்து முறை

어떻습니까? 꼼틀거리는 이 모습. 데바가나리 문자(34쪽 참고) 등과 같은 인도계 문자인데도 왜 이렇게 변했을까 싶을 만큼 다른 느낌입니다.

언어로서도 꽤 독특합니다. 예를 들면 유성음과 무성음의 구별이 없는데, 즉 무성자음 k와 유성자음 g음을 같은 글자로 표현하는 한편(한국어도 구별하지 않고 'ㄱ'으로 표기한다), ㄹ음과 같은 유음流音을 표현하는 글자가 아래처럼 5개나 있습니다.

ர ல ழ ள ற

즉, 타밀어에는 5개의 ㄹ음이 있는 셈입니다. l과 r 발음조차 구별하기 힘든 사람들이 보기에는 깜짝 놀랄 일입니다. 아무래도 혀의 위치를 어디에 두느냐, 또는 발성할 때 혀를 떨지 말지에 따라 구분하는 것 같습니다. 요령이 좋군요.

그리고 ㄴ에 해당하는 음도 5개가 있습니다. 그중에서도 재미있는 것이 **ண** 입니다. 3회전 점프를 하듯이 빙글빙글 돌고 있네요.

음, 이것만 보더라도 일본어와 비슷하다는 생각은 전혀 들지 않는데….

실제로 그 책을 읽고 저 같은 비전문가가 볼 때도 '이건 좀 무리 아냐?' 하고 생각한 사람이 많았던 모양입니다. 자신의 생각이 맞기를 바랄 수야 있겠지만 사실이라기엔 좀 무리가 있는 것 같습니다. 그래도 자세히 보면 일본어 가나를 닮은 글자를 발견할 때도 있습니다.

글자는 왠지 히라가나 'あ'와 아주 닮지 않았나요? 이건 '이'라고 읽는다고 합니다. 아쉽네요. 만약 이 글자의 발음이 '아'였다면 어쩌면 지금쯤 일본어와 타밀어는 형제 언어가 되어 있을지도 모르겠네요.

예전에 이 타밀나두주에 간 적이 있는데 사람들이 순하고 여행하기도 편해서, 조금도 마음을 놓을 수 없는 북인도와 정말로 같은 나라인가 하는 생각이 들 정도로 무척 좋은 곳이었습니다. 일본어와 형제 언어가 되었다면 그것도 나쁘지 않았을 것 같습니다.

문자 메모

주요 사용 지역: 인도, 스리랑카, 싱가포르
사용 언어: 타밀어

타밀어는 스리랑카와 싱가포르에서도 공용어 중 하나로, 사실은 의외로 영향력이 센 언어이다. 세계 각지에서 땅 위에서 꿈틀거리는 듯한 이 문자를 볼 수 있다. 인도계 언어와는 꽤 동떨어진 형태의 문자이지만, 자음만 있으면 'ㅏ' 발음을 붙여서 읽는 등 기본적인 규칙은 동일하다.

라틴 문자

지금 세계는 트럼프 대통령의 패권주의를 위험스럽다고 보고 있습니다. 하지만 제가 세계 평화에 진짜 위협적이라고 느끼는 건 따로 있습니다. 바로 '라틴 문자에 의한 세계 제패'입니다.

왜냐하면 한번 보세요. 세계 어디를 가든 온통 로마자뿐입니다. 아메리카 대륙과 유럽의 문자는 거의 라틴 문자고, 원래 라틴 문자를 사용하지 않았던 아프리카도 거의 라틴 문자의 패권에 굴복했습니다.

콰메 은크루마도 우후루 케냐타도 저승에서 울고 있을 겁니다(혹시나 해서 말해두지만, 이 사람들은 아프리카의 독립투사들입니다).

터키나 베트남 등 원래 다른 문자를 가졌던 아시아 국가들조차 **라틴 문자의 지배**를 받게 된 나라도 몇몇 있습니다.

게다가 학술 세계에서 사용되는 용어도, 프로그래밍 언어도 대부분 라틴 문자와 숫자입니다. 이건 이미 패권주의라고 말할 수밖에 없는 상태입니다.

저는 아이들 영어 교실을 홍보하는 광고에서 "에이비씨, 에이비씨!" 하는 소리를 들으면 '라틴 문자로 아이들을 세뇌하는 건가!' 싶어 정말 개탄스럽습니다. 아무래도 병일까요?

아무튼 그 패권주의를 타파하기 위해서 라틴 문자가 세계를 제패했을 때 벌어질 수 있는 문제를 제기해 볼까 합니다.

문제1 읽는 법이 안정적이지 않다

라틴 문자는 정말 많은 나라에서 사용되고 있습니다. 다만 그렇기 때문에 같은 글자나 표기라도 읽는 법이 미묘하게 달라집니다.

유명한 예로는 'cha'라고 써서 영어로는 '차'라고 읽는데 프랑스어로는 '샤'라고 읽는 경우가 있습니다. "그럼 샤 누아르 chat noir에서 만나요."라는 말을 "그럼 챗 노어에서 만나요."라고 잘못 읽어버리면 **두 사람은 평생 만날 수가 없겠죠.** 그나저나 '챗 노어'라고 하니 태국 레스토랑 이름 같군요.

문제 2 표기가 복잡해지기 쉽다

라틴 문자는 그 이름대로 고대 로마인들의 언어인 라틴어를 쓰기 위해 만들어진 문자입니다. 라틴어는 음이 비교적 간단한 언어였던 것 같아서 'sh'나 'ch', 혹은 'th' 같은 음도 없고 모음도 아주 간단해서 다섯 개 정도였던 것 같습니다. 그래서 원래 라틴어에 없는 음을 나타내려면 뭔가 조정이 필요합니다.

그런 점에서 보면 폴란드어는 대단합니다. 슬라브계의 언어는 복잡한 음이 줄줄이 이어지는데, 폴란드어에서는 그것을 **독자적인 미학**에 근거한 표기법으로 나타냅니다. 예를 들면, 조금 전에 문제가 된다고 한 '샤'는 폴란드어로는 **sza**입니다. '스자!'라고 발음하지 않습니다.

폴란드에 '슈체친'이라는 도시가 있습니다. 그 말의 철자가 'Szczecin'인데 앞부분을 어떻게 읽어야 할지 알 수가 없습니다. **왠지 스즈크제친**이라고 읽을 것도 같습니다.

참고로 슬라브계 언어와 가까운 키릴 문자로 표기하면 **Щецин**처럼 단 다섯 글자로 나타냅니다. 굉장한 에너지 절약이네요!

참고로 영어에 자주 등장하는 'th' 표기조차 예를 들어 'cut-house(컷하우스)'라고 말해야 하는데 '커사우스'라고 읽을 것 같습니다. **로마인이세요?** 아, 그래서 라틴 문자인 건가요.

문제 3 대문자와 소문자의 차이가 어정쩡하다

대문자와 소문자라고 하면 단지 글자 크기만 다를 것 같은데 라틴 문자의 경우는 왜 그런지 A와 a와 같이 완전히 다른 문자로 만들기도 하고 D와 d처럼 미묘하게 방향을 바꾸기도 합니다. 그런가 하면 C와 c 또는 S와 s처럼 크기만 다른 경우도 있습니다. 바꾸든지 바꾸지 말든지 어느 한쪽으로 통일하면 좋았을 텐데요.

이렇게 말하면 **일본어로 화살이 날아올 것 같기도 합니다.** "히라가나 **あ**와 가타카나 **ア**는 완전히 다른 모양인데 히라가나 へ와 가타카나 ヘ는 똑같잖아…" 하고 말이죠.

문제 4 I와 l(L의 소문자)이 헷갈린다

Ie와 le의 경우는 마치 다른 그림 찾기 놀이라도 하는 것처럼 거의 비슷한 모양입니다.

'이에_{'집'의 일본어 표현}'인가 하다가 '르_{프랑스어} 정관사'라고 읽었다, 그렇게 되면 바로 다음 날 별명이 파리지엔느가 될 게 뻔합니다.

… 슬슬 괴로워지기 시작하네요.

문제 5 쓸데없는 글자가 있다

문자에 귀천이 없다는 것이 제 신조입니다만, 'Q나 X 같은 글자는 정말로 있는 건가?' 싶은 의문이 듭니다.

X는 기본적으로 'ks'로 쓰면 되고 Q도 'kw'로 하면 대용 가능합니다. 맥스커피는 'Makscoffee'로, 드래곤퀘스트는 'Dragon-kwuest'라고 써도 딱히 문제될 건 없습니다. 문제가 된다면 만화 《프로골퍼 원숭이》에 나오는 캐릭터 **미스터 X**와 《**탐정학원 Q**》 정도일 것입니다.

뭐, 포르투갈어에서는 X를 '쉬'라고 읽고(그건 그렇고 '쉬'가 참 처치 곤란이네요), 스페인어에서는 '키'나 '케' 가 들어간 고유어 낱말에 k 대신 q만 사용해서 쓰기도 하지만요.

문제 6 자칫하면 부호투성이가 된다

조금 전에 라틴 문자의 지배하에 놓인 언어로 베트남어를 예로 들었습니다. 그런데 베트남어는 모음이 많을 뿐 아니라 성조라는 규칙이 있어 **라틴 문자로 표기하려면 글자 수가 너무 많아집니다.**

Tiếng Việt, còn gọi tiếng Việt Nam hay Việt ngữ

이런 문구를 보면 문자 안에 **깨가 여기저기 흩뿌려진 것 같은** 느낌이 듭니다.

아무래도 라틴 문자를 너무 깎아내린 것 같지만 결국은 모양이 심플하고 문자로서의 기능을 충분히 하고 있기 때문에 지금처럼 널리 퍼졌겠죠.

그건 그렇고, 2천 년도 더 전부터 사용되고 있는 문자가 이렇게 여기저기 인터넷상에서 사용된다는 것이 참 놀랍습니다. 아마 로마인들도 깜짝 놀라지 않을까요?

이렇게 되면 이제는 문자라기보다 '도구'라고 할 수 있겠지만, 가끔은 문자로서의 역사도 뒤돌아보고 싶습니다.

문자 메모

지금의 라틴 문자 중, 로마 시대에는 없었던 것은 자음자 'j'이다. 이것은 모음자 'i'와 구별하기 위해서 15세기 무렵에 분화되었다. 자세히 보면 확실히 i의 아래쪽이 살짝 구부러진 모양을 하고 있다. 영어로는 'ja'를 '자'라고 읽지만 이것은 올바른 읽는 법이 아니다. 다른 많은 언어에서 '야'라고 읽는 것은 그 때문이다. 또 'u'도 'v'도 16세기경까지는 명확히 구별되지 않았다고 한다.

숫자

숫자라면 질색하던 저도 언젠가 숫자도 문자라는 생각이 들고 나서부터는 갑자기 숫자에 흥미가 생겼습니다. 물론 **마야 문자의 숫자가 이십진법을 기반으로 했다**는 걸 알았다고 해서 **수학 성적이 부쩍 오르거나 하진 않았습니다만.**

아무튼 많은 사람들이 숫자를 싫어하지만(?), 완전히 언어가 다르고 문자조차 읽을 수 없는 나라에 갔을 때 안심할 수 있는 존재이기도 한 것은 사실입니다. 공항에서도 일단 숫자가 쓰여 있으면 '이게 내가 탈 비행기 256편인가?' 하는 정도는 이해할 수 있고 가격표를 읽을 수 있으면 '아아, 10달러나 10페소구나.' 하는 것쯤은 알 수 있습니다. **10달러와 10페소의 가치가 수십 배쯤 차이가 난**다는 건 여기서는 그냥 넘어가겠습니다.

그런데 이 '숫자'는 전 세계에 공통된 것이 아닙니다. 오히려 각 나라마다 여러 가지 숫자가 있습니다. 그 대표적인 예가 이집트와 아랍에미리트같이 아라비아어를 사용하는 나라들입니다.

'응? 그런데 아랍이면 아라비아 숫자를 쓰지 않나?' 하고 생각할 수 있겠지만, 1~9를 구체적으로 나타내보면 이렇습니다.

0	1	2	3	4	5	6	7	8	9
٠	١	٢	٣	٤	٥	٦	٧	٨	٩

뭐랄까요, 전체적으로 읽을 수 있을 것 같은데 읽을 수 없는, 묘하게 감질나는 느낌이 듭니다. 그럼 하나하나 살펴볼까요?

◖(0)과 ١(1), ٩(9) 등은 그나마 우리가 알던 아라비아 숫자와 아주 비슷한 모양입니다. ٢(2)와 ٣(3)는 왠지 위쪽을 향하고 있는 걸 보니 **상승 지향의 표현일까요?**

٤(4)는 갈겨쓰면 비슷하게 보일 것도 같습니다. ٥(5)와 ٦(6)은 **어쩌다 이렇게 됐지?** 싶은 느낌이 듭니다.

서로 헷갈리는 것은 ٧ ٨(7, 8)입니다. 방향만 다를 뿐, 왠지 도중에 **모양을 만들다가 질려 내팽개친 듯한 느낌**이 전해집니다. 참고로 저는 아라비아어 8을 외울 때 한자 八을 떠올렸기 때문에 그다지 헷갈리지 않았습니다.

이렇게 하나하나 딴지를 걸어보았습니다만, 실제로 원조는 이쪽이기 때문에 오히려 **아랍인이 유럽인들에게 할 말이 있을지도** 모르겠군요.

더 재미있는 것은 아라비아어로는 이 숫자를 '인도 숫자'라고 부릅니다. 흔히 말하는 '아라비아 숫자(0123…)'는 인도가 발상지로 아라비아를 경유하여 유럽으로 전해진 것입니다. 그래서 유럽에서는 아라비아 숫자라고 부르고 아라비아에서는 인도 숫자라고 부르는 것입니다. **삼각관계인가요?**

인도 숫자, 정확히 말하면 데바가나리 문자의 숫자는 이렇습니다.

0 1 2 3 4 5 6 7 8 9

० १ २ ३ ४ ५ ६ ७ ८ ९

숫자 하나하나 살펴보면서 하고 싶은 말은 많지만 일단 **7과 8을 제대로 구별해서 쓰려고 했다는 것이 엿보인다**는 점에서 호감이 생깁니다.

어쨌든 숫자를 비롯한 '기호' 역시 훌륭한 문자이며, 지역성과 국가의 특징이 잘 드러납니다. 그렇게 생각하면 수학도 즐겁게 배울 수 있지 않을까요. 그런 걸 생각하고 있으면 **수학 문제를 푸는 속도가 확실히 떨어질 것** 같습니다만.

가나 문자

최근 '쿨 재팬'이라고 해서 일본 문화를 해외에 수출하는 것이 일종의 붐을 이루고 있습니다. 식문화, 만화, 애니메이션, 패션… 이런 것들이 확실히 멋지긴 하지만 뭔가 더 중요한 걸 잊고 있는 건 아닐까요? 그렇습니다. 일본 고유의 문자인 히라가나와 가타카나가 있습니다.

일찍이 서양인들, 주로 선교사들은 문자를 갖지 않는 언어가 있으면 라틴 문자를 사용해서 그 언어를 표기하는 방법을 개발했습니다. 그런 이유로 아시아와 아프리카 등을 중심으로 한 대부분의 신흥국가들이 라틴 문자를 사용해 자신들의 언어를 표기하게 되었지만, 지금도 세계에는 문자가 없는 언어가 많이 있습니다.

그런 사람들에게 꼭 가나 문자의 우수함을 전해서 쓸 수 있게 하면 좋겠군요. 그런 열망을 담아 **파워포인트를 사용해 발표 자료로 한번 만들어보았습니다.**

문자가 없는 나라의 사람들에게 파워포인트 발표 자료가 통할까 싶은 **생각이 나중에 들었습니다만 신경 쓰지 않고** 진행해 보기로 하겠습니다.

"오늘은 바쁘신 와중에 이렇게 와주셔서 정말로 감사드립니다. 저는 일본의 가나 문자 보급 진행위원회의 '마쓰'라고 합니다. 오늘 이렇게 쟁쟁하신 분들 앞에 서니 긴장됩니다만 더듬더듬하지 않고 문자의 매력을 어필해 보도록 하겠습니다."

재치 넘치는 표현(일본어로 '더듬'과 '문자'의 발음이 같아 '문자문자'로도 들림)으로 문자에 관한 농담을 섞어 인사말을 하면 청중들이 폭소를 터뜨립니다. 사람들의 마음을 확 붙들 수 있겠죠. 발표 상대가 일본인이 아니라는 건 여기서는 무시하겠습니다.

"자, 그럼 먼저 첫 번째 슬라이드부터 보실까요?"

가나 문자를 제안하다

다양성 시대에서 온리 원(Only 1)을 지향하며

요즘은 발표 자료도 시각적 요소가 중요합니다. 그래서 많은 분들이 좋아하고 널리 알려진 후지산 이미지로 '쿨 재팬'을 적극적으로 어필합니다. 동시에 '다양성 시대의 온리 원을 지향하며'라는 부제를 소개합니다. **뭔가 말할 듯, 말할 듯하면서 아무것도 말하지 않는 부제**로 반짝이는 지성을 드러내는 것도 잊어서는 안 되겠죠.

그렇게 클라이언트의 주목을 확 끌면서 다음 슬라이드로 넘어갑니다.

- 라틴 문자는 ' 문자의 개수가 많다 '

겨우 3음절에 문자가 무려 7개!

MISHIMA

에너지 효율 꽝!

속도 경쟁 시대에
압도적으로 불리!

첫 번째 장점 소개 전, 먼저 가상의 적인 알파벳을 깎아내리며
시작합니다. 'み(미)'를 표기하려면 'mi'와 같이 두 글자나 필요해
연비가 안 좋다고 비판합니다. 또한 환경에까지 악영향을 미칠 수
있다고 지적합니다. 일러스트로는 문자를 입력하다 지친 여성을
표현해 업무 환경이 나쁘다는 것도 보여줍니다.

가나 문자의 압도적 장점①

- 가나 문자는 ' 에너지 절약에 최적 '

단 3글자!

みしま

공간을 적게 사용해
자원 낭비를 줄인다

입력도 간편

여기서 슬라이드를 넘겨 가나 문자의 장점을 어필합니다.

"보시죠, 이렇게 단 세 글자로 '미시마'를 표기할 수 있습니다!" 하고 드라마틱하게 호소합니다.

여기서 만약 "그 만큼 많은 문자를 외워야 하잖아요?" 또는 "그래도 워드 프로세서로 칠 때는 결국 'mi'로 입력해서 변환할 테니 문자 입력할 때의 번거로움은 똑같지 않나요?" 하고 지당한 의문을 제기하시는 분이 나오면, 웃는 얼굴로 **"그 점에 대해서는 나중에 조정하도록 하겠습니다."** 하고 대답합니다. 조정할 수 있을 리가 없겠지만 일단 여기서 동요해서는 안 됩니다.

클라이언트의 기대(불안인가?)가 점점 고조되었을 때쯤, 아래의 내용으로 일격을 가합니다. 깔끔한 문자 모양을 어필하는 거죠.

불량배가 어깨를 한껏 추켜세워 걷고 있는 듯한 M의 형태를 강조하면서 "길에서 이런 글자와 부딪히면 아이가 다칠 것 같지 않습니까?" 하고 알파벳의 위험성을 지적하면서 부모의 마음을 환기시

킵니다. 그러면서 매끈하고 부드러운 가나 문자의 형태를 강조합니다. **"길을 걷다가 글자와 부딪히다니, 그런 상황이 있나요?"** 하고 반박한다면, 밀어붙이며 넘어가겠습니다.

이쯤 되면 클라이언트도 가나 문자 채용에 관심을 기울일 거라고 생각합니다(정말?).

다만, 지금까지 주장한 내용은 주관적, 감성적인 부분이 중심이었습니다. 그래서 좀 더 거시적인 관점에서 바라볼 때 가나 문자가 객관적이고 학술적인 장점이 있다는 것을 강조하려고 합니다. 이런 경우에는 비즈니스 이론을 **적절히** 이용하는 것이 좋습니다.

가나 문자의 압도적 장점③

- 가나 문자는 '블루오션이다'

여기서 말하는 '블루오션'이란 INSEAD(유럽에 있는 명문 경영대학원)의 김위찬 교수와 르네 마보안 교수가 주장하는 경영 전략의 하나로, 경쟁이 심한 기존 시장이 아닌, 경쟁이 없는 시장(블루오션)을 찾아 거기서 이기는 것을 목표로 한다는 내용입니다.

그러니까 경쟁이 적은(그렇다고 생각합시다) 가나 문자를 사용하는 것이야말로 블루오션이라고 강하게 설득하는 거죠.

아마도 김위찬과 르네 마보안 두 교수가 듣는다면 기절할지도 모르겠지만 어차피 이 말을 듣지도 않을 테니까 웃으면서 지나가겠습니다. 그리고 서둘러 다음 슬라이드로 넘어가 '기타 장점'을 소개합니다.

그밖의 장점들

- 일본어 책을 읽을 수 있다
- 일본에서 출판된 텍스트를 사용할 수 있다
- 글자가 50개밖에 없어서 외우기 쉽다
- 아시아에서 글자가 귀엽다며 인기가 많다!
- "넌 아직도 알파벳 문자를 쓰냐?"라며 으스댈 수 있다
- 독특한 문자를 쓰고 있는 자신에게 도취된다
- 여성들의 인기를 끈다
- 키가 커진다
- "복권 당첨됐다!"라며 기뻐하는 소리가 여기저기 들린다

여기서는 어쨌든 장점의 가짓수를 늘리는 게 중요합니다. 뭐든지 상관없으니까 되도록 많이 모읍니다. 그 결과, 중간쯤부터는 **아무리 봐도 미심쩍은 내용**이 되기는 했지만, 5초쯤 보여주다가 잽싸게 화면을 바꾸는 게 포인트입니다.

문자 도입을 위한 로드맵

사전 조사 및 의견 청취

↓

그룹 미팅

↓

최종안 확정

↓

고지 및 PR

↓

도입 시작!

그리고 마지막으로 '문자 도입을 위한 로드맵'(이 '로드맵'이라는 말도 멋지죠)으로 마음을 확실히 굳히게 하는 겁니다.

화살표가 항상 한쪽으로만 향하면 재미가 없으니, 원을 그리 듯 반대쪽 방향으로 화살표를 돌리기도 하면서 '양방향'이라는 느낌을 주는 것도 하나의 테크닉입니다. 이건 절대 **회의가 분열을 일으켜 진행이 원활하지 않은** 상황을 나타내는 게 아닙니다.

'이제 끝난 건가?' 하고 생각할 때쯤 또 하나, 귀가 솔깃한 정보 를 덧붙이는 것도 발표 테크닉 중 하나죠. 통신판매에서 자주 쓰 이는 방법인데, "이불 하나를 사시면 하나 더 드립니다!", "**키 큰 나 뭇가지 자르기용 전지가위를 세트로 드립니다!**" 같이 뭐 하나를 더 끼 워서 파는 전략입니다.

여기서 포인트는 '30% 할인이 뭘 의미하는지 애매하게 남겨두는' 겁니다.

어떻습니까? 쿨 재팬의 전성기인 지금이야말로 많은 사람들에게 가나 문자의 매력을 알릴 수 있도록 정부에서도 더 적극적으로 검토해 주면 좋겠군요.

문자 메모

주요 사용 지역: 일본
사용 언어: 일본어

문자로서의 특징을 말하자면, 음절문자이고, 청음과 탁음을 점으로써 구별하고, 히라가나와 가타카나 2종류가 있어 용도에 따라 구별해서 쓰고, 자음만 나타내는 문자는 2개밖에 없고(ん, っ가 있는데 っ는 좀 애매하다), 띄어쓰기를 하지 않는다, 이 정도가 있다. 쓰고 보니 꽤 특수한 문자라는 생각이 새삼 든다.

한자

며칠 전, 손가락으로 V자를 만들며 찍은 사진을 SNS에 올리면 위험하다는 내용이 보도된 뉴스를 읽었습니다. 최신 기술로는 사진으로도 사람의 지문을 읽어 낼 수 있기 때문에 지문 인증 등에 악용될 가능성이 있다는 내용이었습니다.

즉, V 자를 만드는 것보다 가운데 손가락을 세우는 손짓이 더 안전할지도 모르는 fuc○ing한 시대가 된 겁니다.

그런 뉴스를 듣고 있으니 생각나는 사람이 있습니다. 중국의 '창힐'이라는 수천 년 전 사람인데, 한자를 발명했다고 알려져 있습니다.

어느 날 그가 모래 해안을 걷고 있는데 그곳에 새의 발자국이 또렷이 찍혀 있었습니다. 발자국은 제각각 특징이 있어서 그것이 어떤 새인지 한 눈에 알 수 있었다고 합니다. 그걸 본 창힐은 '음? 이걸 응용하여 기호로 만들면 사물을 표현할 수 있지 않을까?' 하고 생각했고, 그것이 한자의 기원이 되었다는 이야기입니다.

발자국으로 모든 것으로 해독한다…, 그야말로 **고대의 명탐정 코난이네요.** 이렇게 말하면 듣기에는 좋지만 사실 그건 **고대의 지문 도용**입니다. 정확히 말하면 '발자국의 모양'인데, 개개인을 특정당하게 된 새들의 입장에서 보면 꽤 민폐라고 할 수 있습니다.

"최근에 무슨 일인지 스팸 메일이 많이 오는군."

"요즘 이상하게 **사냥꾼이 여기저기 잠복하고 있어.**"

새들이 이런 대화를 주고받았는지도 모릅니다.

"새 발자국을 제멋대로 채집해 가다니 말야."

또 새들이 이렇게 노발대발했겠죠.

창힐은 분명히 전설상의 인물이지만, 실제로 새 발자국이 문자를 만들 때 힌트가 되었다는 건 충분히 생각할 수 있는 일입니다.

참고로 문자 발명에 관한 신화는 세계 각지에 남아 있는데, 예를 들어 고대 이집트의 히에로글리프는 지식과 학문의 신 토트가 발명했다고 합니다. 이 신은 따오기 새를 모티프로 했습니다. 중국과 달리 새가 스스로 문자를 개발한 것입니다. 굉장한 새군요.

북유럽의 룬 문자는 어마어마합니다. 북유럽 신화의 주신인 오딘이 발명했다고 하는데, 이 문자를 얻기 위해서 **오딘은 자신의 몸에 창을 꽂은 채 목을 매달아 신에게 자신을 바쳤다고** 하는군요. 무슨 의도인지 잘 모르겠습니다. **오딘의 몸을 받은 신도 꽤 곤란해하지 않**았을까요?

그에 비하면 창힐의 에피소드는 아주 평화롭지만, 그 역시 눈이 네 개 달렸다는 말이 있으니 방심할 수는 없습니다.

문자의 탄생에 얽힌 괴이한 이미지는 그 당시의 사람들이 문자에 대해 느꼈던 신비로움을 나타내 주고 있는지도 모릅니다.

문자 메모

주요 사용 지역: 중국, 타이완, 일본, 싱가포르 등
사용 언어: 중국어, 일본어 등

한자는 특수한 문자로 받아들여지기 쉽지만, 세계의 사용 인구가 약 15억 명으로 라틴 문자 다음으로 당당히 2위를 차지한다. 예전에 중국과 일본에서 '한자 폐지론'이 진지하게 검토된 적도 있었지만 어느새 이렇게 되었다. 다만 예전에는 한자를 사용했던 베트남이나 한반도에서는 잘 사용되지 않는다.

마치며

지금까지 세계 각국의 여러 문자를 살펴보았습니다만, 본래의 취지(?)였던 궁극의 문자는 깡그리 잊어버렸네요. 이렇게 말하기는 좀 뭣하지만, 가장 중요한 결론은 '**문자에 귀천은 없다**'는 것입니다. 하지만 그 말만으로는 안 될 테니까 억지로라도 **궁극의 문자를 만들어볼까 합니다.**

형태: 원과 곡선

고대 문자의 직선도 놓치기 아까운 요소이기는 하지만 그래도 역시 아름다운 문자는 대부분 곡선의 형태를 취하고 있습니다. 곡선이라면 야자수 잎에 글자를 써도 찢어질 염려가 없습니다. 물론 나무에 새겨 넣을 때는 불편하겠지만, **그럴 일은 앞으로 없을 테니까** 문제되지는 않을 겁니다. 하긴 야자수 잎에 글자를 쓸 일도 없겠지만 말입니다.

제가 생각하기에 곡선이 아름다운 글자로는 히라가나의 'あ'가 있습니다. 그래서 우선 이것을 바탕으로 문자를 만들어보고 싶습니다.

문자 체계: 모음을 기호로 나타낸다

효율을 생각한다면 라틴 문자 같은 '음소문자'가 분명 편리하기는 하겠지만 재미는 없습니다. 여기서는 인도계 문자나 그으즈 문자를 참고해서 문자 주변에 기호를 붙여 모음을 나타내는 체계를 이용하겠습니다. 기호는 살짝 멋스럽게 별 모양 같은 걸로 하면 어떨까요?

 중학생이 생각해 낸 기호 같은 느낌의 문자가 만들어졌지만 신경 쓰지 않고 진행하겠습니다.

장식이 있으면 좋겠다

문자는 실용적인 것이지만, 예를 들어 크메르 문자처럼 들쭉날쭉한 장식이 있으면 무척 화려한 느낌이 더해집니다. 그중에서도 자바 문자의 꽃무릇 꽃 모양 같은 글자는 멋있었습니다. 문자의 좋은 점만 따와서 체로키 문자를 만든 시퀴야 씨를 본받아 **적극적으로 따라해 볼까요?**(물론 존경의 마음을 담아서)

이렇게 별 모양 장식도 좀 더 늘리고….

 음, 이건 궁극의 문자라기보다는 **화려하다 못해 거대한 의상을 입은 일본 엔카 가수를 나타내는 상형문자** 같군요.

만들면 만들수록 점점 더 여러 문자를 모독하는 듯한 마음이 들어 이쯤에서 마치겠습니다.

    다시 한번 말하지만, 역시 고금동서의 각각의 문자들은 그것을 사용하는 사람들에 의해 키워지고 또한 유일무이한 것이니 거기에 귀천은 없습니다. 문자는 어디까지나 도구고, 거기에 담긴 의미야말로 가치 있는 것이지만, 가끔은 거기서 벗어나 문자의 형태나 개성을 즐겨보는 것도 재미있지 않을까요?

: 한국 독자의 세계 문자 생활에 유용한 정보

세계 문자의 특성 파악

옴니글롯(영문)

https://www.omniglot.com/

세계의 문자를 다룬 백과사전 격의 웹사이트. 1300개가 넘는 문자의 역사와 특징를 간략히 살피고 해당 문자의 발음, 글자, 예시 문구 등을 소개했다. 실제 사용된 자연어를 표기하기 위해 쓰인 문자뿐만 아니라, 인지도 있는 매체에 등장한 인공문자, 방문자가 고안해 투고한 문자도 받으며 지속적으로 업데이트되고 있다.

세계 문자 조회 및 짧은 문구 입력

깃허브 특수문자 모음

https://wepplication.github.io/tools/charMap/

세계 문자를 간편히 조회·입력할 수 있는 오픈소스 기반 페이지. '유니코드'란에서는 세계 문자 칸을 눌러 간편하게 복사할 수 있고, '문자정보'란에서는 모르는 글자를 입력해 어떤 문자인지 확인할 수 있다.

한편 '한글'과 '아스키아트'란에는 세계 문자와 특수문자를 이용해 한글 표현이나 모양을 나타낸 표현들이 실려 있다. 하단의 '토론' 댓글란에서는 SNS상에서 자주 사용되는 특이한 세계 문자를 다른 이용자에게 문의할 수 있다.

유니코드 문자 백과사전 (기계 번역)

https://unicode-table.com/kr/

'깃허브 특수문자 모음'에서는 '□'로 깨져 보이는 세계 문자도 조회할 수 있는 사이트. '깃허브 특수문자 모음'과 달리 문자표 상에서 바로 복사 및 문구를 완성할 수는 없지만, 글자 미리보기가 이미지로 꾸려져 있어 글꼴 지원 여부와 상관 없이 유니코드에 등록된 세계 문자를 볼 수 있다.

특정 글자의 정체가 궁금하다면 최상단 검색창에 해당 글자를 붙여 넣거나 유니코드 번호를 입력해 조회할 수 있다. 해당 문자 체계 자체를 검색할 때는 영자로 검색할 것을 권장한다.

PC상의 다국어 문자 지원

구글 폰트 얼리액세스(영문)

https://fonts.google.com/earlyaccess

PC로 세계 문자 텍스트를 사용할 때 글자가 '□'로 깨지는 문제는 대부분 PC에 해당 문자를 지원하는 기본 글꼴을 설치하면 대부분 해결된다. 위 페이지는 사용자가 적은 세계 문자를 표시할 기본 글꼴을 오픈소스로 다수 지원하고 있다.

위키피디아 다국어 지원 도움말(영문)

https://en.wikipedia.org/wiki/Help:Multilingual_support

위키피디아뿐만 아니라 웹상에서 다른 세계 문자가 □로 보일 때 필요한 운영체제, 브라우저와 글꼴을 점검할 수 있는 페이지. 필요한 기본 글꼴의 명칭과 설치 링크를 확인하거나, 필요한 글꼴 설치 후에도 글자 깨짐 현상이 발생할 때 원인을 진단하기 유용하다. (*단, 미얀마 문자의 경우 독자적인 문자코드를 최근까지 사용했기 때문에 PC 및 이용 웹사이트에 따라 'Zawgyi' 글꼴 파일과 입력 프로그램을 동시에 설치해야 사용 가능할 수도 있다.)

글자체 살펴보기

폰트 밈(언어 설정에서 한국어 지원)

https://fontmeme.com/

세계 문자로 된 문구에 다양한 글자체를 모의적으로 적용해 볼 수 있는 사이트. 개인 대상으로 무료인 글꼴을 다수 지원한다(상업 이용 가능 여부는 확인 필요). 해당 세계 문자를 사용하는 언어의 영문 이름에 'Fonts Generator'를 붙여 검색창에 검색하면 여러 스타일의 글자체를 적용할 수 있는 페이지를 찾을 수 있다. (*예를 들어, 힌디어에 쓰이는 데바나가리 문자의 여러 글자체를 모아서 둘러보고 싶으면 'Hindi Fonts Generator' 페이지를 찾아 들어가면 된다.)

참고문헌

《CD エクスプレス チベット語》(星実千代, 白水社)

《書いて覚えるヒンディー語の文字》(町田和彦, 白水社)

《華麗なるインド系文字》(町田和彦編, 白水社)

《[図説] マヤ文字事典》(マリア·ロンゲーナ, 創元社)

《書いて覚えるタイ語の初歩》(水野潔·中山玲子, 白水社)

《ベルベル語とティフィナグ文字の基礎》(石原忠佳, 春風社)

《世界の文字の図典 普及版》(世界の文字研究会編, 吉川弘文館)

《図説 アジア文字入門》(東京東国大学大ジア·アフリカ言語文化研究所編,
    河出言房新社)

《ルーン文字の世界》(ラーシュ·マーグナル·エーノクセン, 国際語学社)

그 외 'Omniglot'과 같은 사이트에 게시된 정보도 참고.

※이 책에 나오는 각국 문자 예문은 'Wikipedia' 'Omniglot' 등에서 인용했습니다.

궁극의 문자를 찾아서

문자 덕후의 발랄한 세계 문자 안내서

초판 1쇄 인쇄일	2021년 2월 15일
초판 1쇄 발행일	2021년 2월 22일

지은이	마쓰 구쓰타로

펴낸이	김효형
펴낸곳	(주)눌와
등록번호	1999.7.26. 제10-1795호
주소	서울시 마포구 월드컵북로16길 51, 2층
전화	02-3143-4633
팩스	02-3143-4631
페이스북	www.facebook.com/nulwabook
블로그	blog.naver.com/nulwa
전자우편	nulwa@naver.com
편집	김선미, 김지수, 임준호
디자인	이현주

책임 편집	임준호
표지·본문 디자인	로컬앤드

제작 진행	공간
인쇄	현대문예
제본	장항피앤비

ⓒ눌와, 2021
ISBN 979-11-89074-33-3 (03700)